小语大道

XIAOYU DADAO

——我的语文教学十年行思

纪海龙 著

语文出版社
·北京·

图书在版编目（CIP）数据

小语大道 ： 我的语文教学十年行思 / 纪海龙著. -- 北京 ： 语文出版社, 2020.8
ISBN 978-7-5187-1104-8

Ⅰ. ①小… Ⅱ. ①纪… Ⅲ. ①小学语文课一教学研究
Ⅳ. ①G623.202

中国版本图书馆CIP数据核字(2020)第141408号

责任编辑 过 超
装帧设计 于 轲
出　　版 语文出版社
地　　址 北京市东城区朝阳门内南小街51号 100010
电子信箱 ywcbsywp@163.com
排　　版 河北新华第一印刷有限责任公司
印刷装订 河北新华第一印刷有限责任公司
发　　行 语文出版社 新华书店经销
规　　格 787mm × 1092mm
开　　本 1 / 16
印　　张 12.25
字　　数 218千字
版　　次 2020年8月第1版
印　　次 2020年8月第1次印刷
印　　数 1～2,500
定　　价 36.00元

010-65253954（咨询） 010-65251033（购书） 010-65250075（印装质量）

序　一

郭永福

近日，我的好友、语文特级教师张在军来电，向我推荐一位优秀的青年语文教师纪海龙，嘱我为纪老师的新著作序。提携青年人是老年人义不容辞的责任，因此，我欣然同意了。

拿到书稿时，首先映入我眼帘的是它的名字："小语"即小学语文，"大道"强调小学语文教学能够小中见大、小叩大鸣。加上副标题，我就知道本书述说的是作者在小学语文教学中且行且思、探索规律、立德树人的十年心路历程。

纪海龙怀有崇高的教育理想。我通过一些特级教师朋友了解到，纪海龙非常热爱且擅长语文教学。他的小学语文课生动活泼、挥洒自如，诙谐有趣、情意相依，文化熏陶与哲理思辨并存，人情理趣与语文要素相合，自然天成，娓娓道来，深受学生喜爱。很多学生在上过他的语文课后意犹未尽，直呼"不想下课"。此外，他爱思考，勤动笔，常常夜里十一二点还在学习、写作。他在《语文建设》《基础教育课程》《语文教学通讯》《小学语文教学》《中学语文教学参考》《中国德育》等学术期刊发表了六十余篇教学论文，在《人民日报》《青年文摘》《读者》《意林》等报刊发表了一百余万字的文学作品。作为只有十年教龄、年方三十二的小学语文教师，取得如此骄人的业绩，纪海龙老师很了不起。

更让我佩服的是，他指导学生在儿童期刊和网站发表了百余篇习作。这让我回忆起上小学时的一段往事。1952 年，我上五年级，有一次作文是给志愿军叔叔写信。语文老师认为我的信写得好，当成范文，不仅在我们班和其他班宣读，而且把它投给《新少年报》。对于当时身处偏僻山区小县城的人来说，不要说投稿，看到一份小报就很新奇了。稿件虽然没有见报，但我很快收到编辑部热情洋溢的回信。从此，我爱上了语文，爱上了写作，如饥似渴地读书，写作的情结、文学的情结就这样在一颗幼小的心灵里生根发芽了。高中毕业后，我如愿以偿跨进了梦寐以求的复旦大学中文系，大学毕业后被分配到国家教育部门工作，一辈子与文字打交道。儿童的教育，就像石板上的雕刻。有时教师不经意的一句话、一个举措，就能影响孩子的一生。纪海龙指导学生在报刊发表文章，其意义远不止发表几篇文章，更是在培养学生自信和敢想敢干的精神，这对他们一生的影响将是不可估量的。

在与纪海龙聊天的过程中，我得知他以初级教师的资历开设了海龙教研工作室，已拥有核心成员二十名、正高级专家两名，组织过四十余次高效的教研活动，成果多以专题形式发表于正规期刊，在小学语文教学领域产生了十分积极的影响。我很赞赏这个具有草根性、带有泥土气息、充满活力的教研团队。近些年来，基础教育领域涌现出一批像纪海龙这样刻苦钻研的青年小学语文教师。他们在教学中守正创新、追求卓越，发挥名师的辐射带动作用，给学科教学注入了生机和活力，我为他们感到欣慰。

小学不小，责任重大。语文是学好其他课程的基础，也是学生全面发展和终身可持续发展的基础。信息社会对每个人的语言沟通能力、阅读能力和写作能力都提出了更高的要求。我认为在各个科任教师中，语文教师是最难当的。古今中外的文学作品浩如烟海，你怎么能看得过精力充沛的学生？面对才华横溢学生写出的作文，你又怎样给予点拨、帮助和提升？因此，教育对语文教师的要求是很高的，而好的语文课，对学生一生的影响也是最大的。

最好的教师永远是最好的学生。正因为他是最好的学生，所以他才能成为最好的教师。我衷心希望青年语文教师能虚心向于漪等老一辈语文教育家学习，一辈子当语文教师，一辈子学当语文教师；善于向纪海龙等同辈优秀语文教师看齐，大道行思，取则行远。愿大家在提高语文教学质量和效益、提高中华民族语文素养方面，取得新的更大的成绩！

是为序。

中国教育学会原常务副会长、编审 郭永福

2020 年 1 月

序 二

李怀源

做小学语文教师多年，我一直没有为其他教师的书稿写过序言。看过纪海龙老师的书稿以后，我认为自己没有能力为这本书作序，因为书中包含内容丰富，含义深刻。但是，想到我自己请别人作序的时候也往往忐忑不安，唯恐对方推辞，于是接受了这个任务。

翻阅书稿的过程，也是我向纪老师学习的过程。《小语大道——我的语文教学十年行思》是山东省东营市垦利区第三实验小学青年教师纪海龙撰写的语文教学著作。本书涵盖了小学语文教材解读、阅读教学、写作教学、综合学习、教师专业发展五个版块，生动而深入、科学而活泼、全面而具体地记录了作者十年来的小学语文教学观点和实践经验。

本书第一辑基于教材解读的认知和实践，提出了求真、鉴美、生善的观点。叶圣陶先生认为："知识不能凭空得到，习惯不能凭空养成，必须有所凭借，那凭借就是国文课本……语文教材无非是例子，凭这个例子要学生能够举一反三，练成阅读和作文的熟练技能。"书中解读教材的观点和方法能够为小学语文教学拓展教与学的空间，让学生在充满真善美的课堂里形成独特的人文情怀和审美情趣，成为优秀文化的传承者。教师设身处地地站在生活与生命的角度，引导学生观照文本中的人物，寻觅那"万顷的颤动，深黑的岛边，月儿上来了，生之源，死之所"的感悟，让语文教学更真、更美、更善。本书内容基本依托统编本教材而思、而行、而作，对小学语文教师使用统编本教材进行教学也很有帮助。

本书第二辑聚焦阅读教学，抓住思维发展、情怀培养、生命生长三个要点，生动地阐述了"使儿童津津然如饮醴一般"的教学思想、方法和实践经验。学生语文思维的发展与提升要依托学习支架，让思维在支架中获得支持、生长，从而攀缘而上，结出果实。培养学生情怀要利用好教材中不同体裁的课例，在语文课堂中分类落实。童话激情，引人遐思；故事入情，品味悠长；诗歌唤情，抒情言志；散文炼情，情真意切。先激情，后入情，再唤情，终炼情。阅读教学重在一个“读”字，归于一个“情”字。明代吴海在《送傅德谦还临川序》中有言：“读书有得，冥然感于中，心领神会，端坐若失。”阅读教学要引领学生追求这样的“忘情”境界，读出真滋味，获得真情怀，进而在知识建构、思维发展、审美提升和文化理解的基础上，实现生命的健康成长。

本书第三辑围绕兴趣、合作和生活三个方面介绍写作教学的经验。强调写作要基于兴趣，归于生活，这就是注重真情实感的写作教学。叶圣陶先生在《国文科的目的》中阐述：“要养成写作能力，第一宜着眼于生活和发表的一致；说明白点，就是发表的必须是自己的意思或情感，同时又正是这意思或情感。花言巧语能写几篇文字有什么用处呢？必须与生活相一致，写作才有意义。”写作教学要教学生写出有真情实感的作文，这一宗旨至关重要。本书所介绍的写作内容的架构、写作方法的指导和写作教学的策略，值得借鉴。例如，作者结合《搭船的鸟》教学实例进行示范，说明了习作课文的使用建议：“一要理解课程阶段目标和要求，从而找准本课的定位，重点关注习作教学的个性化和开放性；二要对教材中的相关资源进行有效组合，注重习作单元整体照应；三要弱化理解内容、积累语言、体验情感等方面的教学内容，在课时结束时集中指导生字书写，重点强化习作教学的内容。”这对统编本教材习作单元的教学颇有启示。

本书第四辑专门介绍了语文综合学习的方法和案例，提出了综合学习的三个要素：环境、习得、生态。在真实的、生活化的环境中，自然而然地习得母语，形成一种学习与创造浑然一体、建构与运用相辅相成的课堂生态。清代语言学家王筠在《教童子法》中提出：“教弟子如植木，但培养浇灌之；令其参天蔽日；其大本，可为栋梁，即其小枝，亦可为小器具。今之教者，欲其为几也，即曲折其木以为几，不知器是做成的，不是生成底，迨其生机不遂，而夭阏以至枯槁，乃犹执夏楚而命之，曰：‘是弃材也，非教之罪也。’呜呼，其果无罪耶？”本书探求的综合学习正是“培养浇灌”的语文学习之法，它注重真实情境的创设、习得与学得的相互递进、整体语文生态的形成，有利于发展每一个学生的语文素养，有利于每一个学生在综合学习中找到个性化的生长环境和发展阶梯。

本书第五辑中，作者结合自身发展经历和间接经验，围绕教师专业发展这一主题，提出小学语文教师应养成的发展意识、应选择的发展路径、应具备的核心素养，总结出“淡泊、笃学、生长”的六字要言。淡泊，然后才能明志、致远；笃学，然后才能明辨、笃行；生长，然后才能改变课堂、改变学生。“善之本在教，教之本在师。师者，所以制民命，其可以非其人哉？”李觏在《旴江集·广潜书》中一针见血地指出了称职教师的重要性。本书认为，小学语文教师应该不断鞭策自己，认识到小学语文教学的责任担当。

本书共五辑。每一辑的标题中都有一个“生”字——生善、生命、生活、生态和生长。五个“生”字，既体现了本书以人为本的生命视域，又反映了作者成长蜕变的教育历程，更激荡出了生生不息的语文气象。纪老师作为一位青年语文教师，学历不高，也没有超于常人的能力。但是，他能够认真学习，大胆实践，坚定不移地追求自己的小学语文教学之道，他的成果值得推广，精神和态度更是值得称道。

“大道行思”源自《左传》中的“大道行思，取则行远”，意为正道直行，应该善于思考，思考就会有所得，有心得才会越行越远。我希望广大的小学语文教师都能在“小语”的路上追求“大道”的行思，让更多教师看到思考的力量，看到行动的力量，在自己的岗位上勤思善行，成为学生语文学习的重要引领者。

语文特级教师、北京教育学院副教授 李怀源

2020年1月

目　录

第一辑

教材解读：求真、鉴美、生善

知识不能凭空得到，习惯不能凭空养成，必须有所凭借，那凭借就是国文课本……语文教材无非是例子，凭这个例子要学生能够举一反三，练成阅读和作文的熟练技能。

——叶圣陶《略读学习国文》

求真、求美、求善

——《凤辣子初见林黛玉》文本解读问题商榷

在2019年东营市小学语文骨干教师培养对象优质课评选活动中，多位教师执教《凤辣子初见林黛玉》一课。这篇课文节选自古典文学名著《红楼梦》第三回，主要描写林黛玉初进大观园，与众人相见的情景。本篇作为《人物描写一组》的组成部分，重点关注王熙凤这一形象。几位执教者的教学效果都不错，经过教师引领、师生合作分析人物描写等环节，王熙凤张狂泼辣、心狠手辣、阿谀奉承、伶牙俐齿的形象跃然纸上，深入心灵，令学生生厌。尤其在教师引导学生分析“要什么吃的，什么玩的，尽管告诉我。丫头老婆们不好了，也只管告诉我”一句时，学生对王熙凤炫耀权势、使权弄势的小人姿态厌恶到了极点。从教学目标达成程度来看，这几堂课上得比较好，学生基本领会了人物描写的方法，而且能够批文入情，带着憎恶的情绪剖析王熙凤这一人物。但是，当回想起课堂上学生纷纷指责、耻笑、斥骂、批判、讽刺王熙凤的一幕幕场景，笔者觉得这几堂语文课似乎忽视了真、善、美。

当《凤辣子初见林黛玉》选入教材，它就不再只是小说内容的节选。作为一部小说，一千个读者可以读出“一千个哈姆雷特”，仁者见仁、智者见智，美丑好恶全由自己把握。但是当《凤辣子初见林黛玉》作为一篇课文时，它的价值就超越了文学的欣赏与探讨，兼具了培养美好的情感、正确的态度和价值观的教育使命。教师只有在教学时深切、全面地落实这一点，语文课堂才能更具有人文关怀的温度、立德树人的厚度，才能引导学生把文本中的“人”立起来，把自己的人生立起来，让语文教学的推进时刻伴随着学生生命的成长。因此，文本解读忌机械陈腐、人云亦云，也忌标新立异、胡乱解读，分析人物时切忌站在道德的制高点，以“绝对”的态度定性善恶。

文本解读既要尊重文本又要质疑文本，既需基于文本又要高于文本，站在原著的角度整体把握章节，站在现实生活的角度审视人物，让语文教学和生命发展融入和谐的真、善、美。就《凤辣子初见林黛玉》一文的教学来说，笔者认为至少有三个问题值得商榷。

一、求真：节选课文“扁平化”人物形象与原著“立体化”人物形象冲突之思

《凤辣子初见林黛玉》作为小说节选，虽然只有六百余字，但得到执教者“鞭辟入里”的文本解读和课堂分析，以小见大地反映了王熙凤面艳心狠的“胭脂虎”形象，仿佛其人十恶不赦、无善可陈。原著中的王熙凤真的这样“从头坏到脚”吗？事实并非如此。《红楼梦》阅读爱好者中有一句广为流传的话语：“恨王熙凤，骂王熙凤，不见王熙凤想王熙凤。”王熙凤有可恨可骂之处，更有可想可怜之处。在原著中，王熙凤性格泼辣令人爱，持家理财令人敬，有胆有识令人服，真性真情令人亲，心狠手毒令人怕，善于权谋令人畏，所遭所遇令人怜。刘姥姥一进荣国府，王熙凤便说“我年轻，不大认得，可也不知是什么辈数，不敢称呼”①。刘姥姥叙说自己因穷困无颜访亲时，王熙凤又说“（我们）作个穷官儿罢了……不过是个旧日的空架子……朝廷还有三门子穷亲呢，何况你我”②。话里话外不但没有嫌贫爱富、仗势欺人，而且通情达理，令刘姥姥倍感暖心。后来，她又周济刘姥姥二十两银子。王熙凤惜老怜贫的品质和待人接物的能力，值得称道。此外，她在巧姐身上折射的母爱光辉，在贾琏纳妾时迸发出的抗争意志，在病榻托孤时流露出的悲凉无奈，这一切共同塑造了一个活生生、可爱可恨、敢爱敢恨的“脂粉英雄”“女曹操”形象。

遗憾的是，在节选课文中学生仅能看到王熙凤的“嘴甜心苦，两面三刀”，更有甚者，一位教师抓住“三角眼”（一双丹凤三角眼）分析了王熙凤“明是一盆火，暗是一把刀”的毒辣形象。教师采取扁平化的视角，把王熙凤塑造成一个单薄的、脱离实际又背离原著的人物，与原著中的立体化人物形象和现实生活中的人物行为逻辑相冲突。教师有意引导学生按照绝对善与绝对恶的价值观来领悟文本，殊不知同时把扁平不实、单薄乏味的形象认知灌输给学生，把断章取义、片面绝对的理解方式建构在学生心中。正因为教师在教学过程中常常存在弃真求伪的人物解读、理想化的形象分析，才会酿成下列后果：一是学生阅读感悟与生活经验脱节，读不出真情实感；二是学生习作中多是高大上或者假丑恶的单薄形象，不会源于生活、据实塑造具有复杂性的人，写不出真情实感；三是如是思考、如是学习、如是实践，学生习惯了以扁平

①②曹雪芹.红楼梦[M].杭州：浙江文艺出版社，1999.

化视角看人看事，见人之短而不能见人之长，见人之点而不能见人之面，目光简单、浅狭。因此，无论是从客观分析文本的需要出发，还是从语文的价值观教育考虑，教师在理解人物形象时都应该立足课文，回到原著（原文），通过口头补充、阅读延伸等方法，引领学生尽可能彻底、全面、科学地分析和感悟人物形象，让节选课文中的“扁平化”人物形象回归原著中的“立体化”人物形象，对应生活中的“真实化”人物形象，激发学生的求真意识，发展学生的求真能力，促进学生的求真体验。

二、求美：“极端化”人物形象造成的“矫枉过正”现象与现实社会问题冲突之思

许多小说在塑造人物形象时采用极度夸张的手法和事例来反映人物特点，力争使人物形象极端化，描绘得更为彻底。比如在《欧也妮·葛朗台》中，葛朗台在临死时看到神甫手中的镀金十字架，便“作了一个骇人的姿势，想把十字架抓在手里，这最后一下努力送了他的命”[①]。短短几句话将葛朗台的吝啬鬼形象表现得淋漓尽致。同样，《凤辣子初见林黛玉》中看似寻常的场景描写仿佛管中窥豹，把王熙凤人情练达的特点显出一斑。不过，在大多数教师的解读下，人情练达被理解为“逢场作戏、阿谀奉承、见风使舵、泼辣张狂”，由此，师生对王熙凤极尽讽刺之能事。笔者听课至此，不禁反思：王熙凤的确“逢场”，但她赞美黛玉，言语符实，不是“作戏”；的确“奉承”，但指向贾母这一长辈，不算“阿谀”；的确“见风”，但慰问黛玉，出于礼仪、亲情与管家职责，何需“使舵”；的确“泼辣”，但只是不拘小节，也不逾大规，说不上“张狂”。这样的人放在现实生活中，可能是长辈见了心欢喜、亲戚见了也亲热、朋友见了齐夸赞的处事能手。反观课堂，学生在反对和讽刺王熙凤之后，将赞成和学习些什么呢？如果亲戚来家不迎不赞不“作戏”、面对长辈笨嘴拙舌不“敬奉”、言谈举止小气做作不“泼辣”，在生活和社交中成为这样一种“老实人”，对学生真的有益吗？

教师在一心一意分析文本、剖析人物时，忽视了对学生生活的潜在引领。即使教师批判的是王熙凤老于世故，很多学生也会将其与人情练达等同，与老实巴交、笨嘴拙舌、有棱有角、规规矩矩对立，在生活中认同、选择和学习后一种处事方式，这可能会造成学生生活和社交的困境，使一部分具有社交才能的学生产生自我质疑与否

①巴尔扎克.欧也妮·葛朗台[M].傅雷，译.南京：译林出版社，2017.

定。还有一些学生在文本中批判王熙凤的处事方式，在生活中又不自觉地选择王熙凤的处事方式，口不应心，自相矛盾，就更加难以深入文本。事实上，如今很多学生正缺乏这种“人情练达”的学习欲望和实际能力。同学交往中，很多学生说话不经大脑，做事不经思考，过于幼稚和肤浅；亲人团聚时，很多学生宁愿做一座“孤岛”，少言寡语，不会交流，拿着手机或平板电脑，“躲进小楼成一统，管他冬夏与春秋”；师生交流时，很多学生常常表现得笨嘴拙舌，勉强应对，缺乏积极主动性。

在分析文本形象时不能忽略生活实际，在强调“内方”时不能一棍子打死“外圆”。我们应该鼓励适度的“八面玲珑”，在语文教学的语言建构、思维发展、文化理解等多个层面创造学习和体验“人情练达”的情境，尤其要培养学生对“人情练达”的正确审美，不能把“人情练达”误以为丑，不能把懵懂无知或者缺心眼误以为美，不能把语文之美与生活之美割裂开来。教师只有怀着求美的态度与学生客观探讨人物之美，才能将这种审美观内化入学生心灵，使得学生既晓得什么是老于世故，又明白怎样叫人情练达；既能感受语言之美，又能感悟生活之美，从而丰富生命之美。因此，不论是站在发展学生核心素养的角度，还是站在发展学生语文能力的角度，我们在进行文本分析时都应该紧密联系生活实际，客观、从容地探求美、发现美、欣赏美、实践美。

三、求善：作品描绘的“富贵”与安贫乐道冲突之思

在课文中，作者通过对攒珠髻、挂珠钗、璎珞圈等七件名贵衣物的细致描写，凸显了王熙凤“彩绣辉煌，光若神妃仙子”的贵族少妇形象。教师在解读这一部分时，除了强调描写方法，往往还会引导学生感受王熙凤的奢侈浪费、穷奢极欲、打扮俗气、大权在握，发现王熙凤注重外表、追求物质生活享受等，从而引导一种批判富贵、崇尚清贫的价值观。不过，在《红楼梦》的时代，富者田连阡陌，贫者无立锥之地，贫富差距大是不争的事实。首先，站在“理想国”里批富怜贫意义甚微，不会改变书中的事实。其次，贫穷是一种社会状态，富贵也是一种社会状态，存在必有其合理性。最后，贾府是国公府——诗礼簪缨之族，钟鸣鼎食之家；金陵王家富可敌国——“东海缺少白玉床，龙王请来金陵王”。王熙凤既是金陵王家子孙，又是荣宁两府大管家，如此装扮对她来说只算寻常，得体而已。如果她像林黛玉一样换上“掐金挖云红香羊皮小靴，罩了一件大红羽纱面白狐皮的鹤氅，束一条青金闪绿双环四合如意

缘”[①]，倒是富贵又不落俗套，小资又别具清新，却不合她的“工作需要”。一些教师在贫富二字上下功夫，必要让二者势不两立，全面批判以王熙凤为代表的富贵阶层，只认可和颂扬安于清贫的思想，其实这并不切合当时的社会现实和学生的生活需要。学生将这一思想带入实际生活，不但会违背合理追求物质生活的本心，还会遭到现实的无情鞭笞，甚至引发贫富学生的矛盾。总的来说，人性之善恶不是通过贫富贵贱就能简单定性的。

生活贫困与安贫乐道并不一样，前者常常容易陷入仇富和守穷的困境，而后者即便身处逆境，内心也会因为坚守志向而不会感到害怕，并乐于奉行自己信仰的道德准则。语文课堂要渗透给学生的不是仇富后的守穷思想、守穷后的仇富情绪，而是安贫乐道的精神修养。如果在这一部分非要涉及贫富思辨，那应是“车尘马足富者趣，酒盏花枝贫者缘”[②]的辩证思考，富有富者趣，贫有贫者缘。辩证的思考才是求善之思，辩证的文本分析才是求善之道。

求真、求美、求善，教育的深层目标就是引领学生领略真的生活，获得美的体验，达到善的境界，促进生命发展。目前，小学语文教育仍存在一些浮躁的、空洞的、华而不实的行为，尤其是阅读教学中的文本解读常常局限于技术一层，在情感、态度和价值观方面匆匆点题，一带而过。教师切记，应该设身处地地站在生活与生命的角度，引导学生观照文本中的人物，寻觅那“万顷的颤动，深黑的岛边，月儿上来了，生之源，死之所”[③]的感悟，让语文教学更真、更美、更善。

①曹雪芹.红楼梦[M].杭州：浙江文艺出版社，1999.

②唐寅.唐寅集[M].上海：上海古籍出版社，2013.

③冰心.繁星·春水[M].海口：南海出版公司，2016.

小小情境图，浓浓中国味

——统编本语文教材情境图中的传统文化元素赏析

《义务教育语文课程标准（2011年版）》指出：应该重视语文课程对学生思想情感所起的熏陶感染作用，注意课程内容的价值取向，要继承和发扬中华优秀文化传统和革命传统。统编本语文教材吸纳了语文课程改革的优秀成果，课程内容更好地体现了“全面提高学生的语文素养”的整体目标。尤其是作为语文素养重要元素的中华优秀传统文化，在统编教材中更是得到完整、系统、层次分明的编写安排，根据表现形式可划分为两类内容。

一是体现在课文和“语文园地”栏目中的显性内容。如《江南》《古朗月行》《静夜思》《小池》等都是唐宋时期诗词文化的代表作品，脍炙人口，经典中饱含童真童趣。《天地人》《人之初》《金木水火土》等篇章则提炼了中国儒家文化和道家文化的基本元素，大道至简，古朴中蕴藏先哲智慧。以上篇章形式鲜明，内容明确，易于教师确定传统文化的兴趣培养和初步渗透等教学目标。

二是蕴含在情境图中的隐性内容。情境图是教材的重要组成部分，也是不可或缺的课程资源，一般衬于文字下方或置于一侧，与文字巧妙融合，相辅相成。在实际教学过程中，有的教师弱化或放弃图片，忽视了情境图的教学效果；有的教师舍本逐末，使用网络课件中的图片，其经典性、精致性都难与教材的情境图相提并论。

统编本语文教材经过严谨设计和科学拣选，采用了大量经典的情境图，其中一半以上的情境图是传统文化题材。这些情境图不仅自然、完整地呈现了与文字相配的情景，反映了课文作者的心境和思想，而且蕴含着丰富的传统文化元素。相对于课文中的传统文化内容，蕴含在情境图中的传统文化内容有以下特点：一是内容隐晦，需要发掘才能展露全貌；二是意义深刻，经过引领才能充分体会；三是情境图中传统文化元素更加丰富，视域更加广阔，突破了相关课文常常局限于传统文学领域的拘囿。基于此，我们要充分挖掘和有效利用传统文化题材的情境图，补课文之不足，积学生之底蕴，全语文学科之素养，彰统编教材之魅力。下面，笔者以统编本语文教材一年级上下两册为例，加以赏析与解读。

一、手工作品图，传承大美技艺

手工艺是中华传统文化的瑰宝，向来与中国古典文学相互交融。如《天工开物》《梦溪笔谈》《髹饰录》《考工记》等手工艺方面的古代著作，既彰显了文言文的文学价值和审美价值，又传承了传统手工艺技能，反映了古代工匠精神。将手工艺作品图作为情境图，是统编本语文教材的一个显著特色。

封面图片是表达教材设计理念的重要载体，小学语文统编本教材一年级上册封面为《忙趁西风放纸鸢》。金秋十月，景美人和。一眼望去，但见远山如黛，缓缓起伏，尽显江南秀美。树木斑斓，层层叠叠，黄红掩映之下，几所白墙黑瓦的民居透着宁静祥和。沿房而下，一级级梯田延伸到近处。嘉禾丰收，垂穗如丛。松鼠嬉戏于枝头，小狗奔跃于林间，和谐意味呼之欲出。三五儿童提绳拽线，欢呼雀跃，自由自在地放风筝。放眼看去，两只蝴蝶风筝相依相伴，灵动绵长的飘带逗得小女孩跳脚触摸。一只栩栩如生的金鱼风筝占据封面主位，金红二色格外精神，两个墨点作为鱼眼，灵动传神。金鱼摇头摆尾，活灵活现。放目远眺，一只只风筝在高风中尽情飞舞，尽情飘荡，长线斜斜垂入远处的丛林，给我们创造出无限的想象空间。

一年级小学生刚刚入学，第一次正式接触语文学科。利用教材封面使其充分感受学习语文的乐趣，体会语文学科的人文性，至关重要。笔者结合本册第九课《明天要远足》，深度挖掘封面情境图中的传统文化元素，进行了一场别开生面的教学活动。

首先，师生共同朗读《明天要远足》一课的课文，引起学生的共鸣和联想，激发学生的表达欲望。其次，引导学生观察封面情境图，思考：你对图中哪些景物感兴趣？你想去那里远足吗？把学生天马行空的想象拉回图中的特定环境。学生依次说出图中的景物和活动，笔者适时讲解，既能引导学生观察到景物特点，又激发了学生去远足的欲望。

到江南远足，赏民居风情。白墙黑瓦马头墙，依山傍水归明堂，江南民居参差起伏，精致朴素，作为典型的中式民居，具有丰富的传统文化内涵。窗户小又高，能防贼和盗；两墙交接处，谦逊去一角。江南民居处处体现古人的建筑理念和处世智慧。此外，唐代诗人李白曾作《小桃源》，称赞江南小镇："黟县小桃源，烟霞百里间。

地多灵草木，人尚古衣冠。”[①]由此可见，江南民居具有的独特审美价值和文化意蕴。有些景物特点无须引导，学生自己就能发现，因此教师要往“深”里讲；有些景物特点学生很难发现，教师要把它提到“浅”层来。深入浅出，“寻摸”传统文化的意味。

到野外远足，感受放风筝之趣。“纸花如雪满天飞，娇女秋千打四围，五色罗裙风摆动，好将蝴蝶斗春归。”（郑板桥《怀潍县》）[②]我国的风筝文化源远流长。中国传统风筝制作包括扎、糊、绘、放等步骤，全为手工，以形写神，妙趣无穷。蝴蝶风筝形态优美，成双成对，既有梁祝化蝶的古老传说，又有双栖双飞的美好寄寓。金鱼风筝形象奇特，龙睛、凤尾、鹤顶、狮头，其平和安宁，象征和平祥瑞；方正圆润，暗示天圆地方；名为“金鱼”，谐音“年年有余”。周恩来总理曾言：“中国金鱼至美，为和平、友好、团结之象征，画家宜多画。”教师引导学生描述风筝形象时，将以上内容作为教学对话内容，且讲且引，随问就答，教学过程自然彰显传统文化内涵，形成学习乐趣。

此外，一年级上册语文教材中《剪窗花》一文的《吉娃抱鱼图》《喜上眉梢图》，一年级下册语文教材中《春夏秋冬》一文的《四季扇面图》、《猜字谜》一文的《灯谜图》等情境图，无不含有丰富的传统文化元素，尤其彰显中华传统手工艺之美。在赏图思文、图文对照的过程中，学生不仅尝试了自主表达，锻炼了表达与倾听能力，感受到汉语文化之美，更搭乘语文课程之一叶“扁舟”，向传统文化的长河漫溯。

二、山水花鸟图，传承人文志趣

统编本语文教材增加了大量中国画作为情境图。中国画历史悠久，意蕴深厚，多以山水、花鸟、人物为主题。绘画者一般学养深厚，格调高雅，思想独特。其创作讲求外师造化，中得心源，注重将个人思想融于自然事物中。因此，中国画多具有诗中有画、画中有诗的效果，“不在画里考究艺术上功夫，而在画外看出了许多文人之感想”。[③]由此可见，引领学生赏析中国画，有利于学生由画及文理解文本，因画生情感悟文本，从中国画中感受中华传统文化的精髓之一——文人志士的人文志趣。

一年级上册第一课《天地人》和第二课《金木水画图》中的情境图，以蝴蝶页形

①李白.李太白全集[M].王琦，注.北京：中华书局，2014.
②郑板桥.郑板桥诗书画精品集[M].王德武，编.北京：中国社会科学出版社，2004.
③陈衡恪.中国文人画之研究[M].北京：中华书局，1922.

式完整呈现了画家傅抱石的经典作品《一望大江开》。这两课的教学目标除了朗读课文和认识“天、地、一、二”等13个生字，更重要的是观察图画，理解字义，初步感受传统文化中的“三才”和“五行”。因此笔者在识字教学后，重点向学生介绍了国画《一望大江开》。首先，引导学生由近及远观察图画。画面近处是岩石松枝，龚半千和费密同游，吟诗唱和，眺望远方；中间大片留白；远处空旷无垠，咫尺之间似有万里之遥。其次，设置疑问，激发想象：远处昏昏黄黄又空无一物，这大片的留白到底是什么？学生结合画题得知中间是江水、远处是天空，进而充分想象水之浩荡、天之苍茫，感受天地之广袤、人物之渺小。最后，在学生对天、地、人有了直观的印象和丰富的想象之后，笔者再点出天地人“三才”和金木水火土“五行”，让学生进一步感受传统文化气息。

一年级下册第十二课《古诗两首·池上》是一首通俗易懂的五言绝句，以白描手法寥寥几笔便勾勒出小娃的形象。学生通过朗读感知古诗大意后，教师想要进一步引导学生感受小娃顽皮、纯真的情态和夏日采莲的情趣，就需要借助更为直观的情境图。该课情境图中的景物与诗中景物一一对应，不但形象直观、妙趣横生，而且清新雅致、意境悠远。在教学本课时，建议首先通过图文对照，帮助学生了解古诗中的主要景物。其次，详细观察情境图，感受水墨之美：整个画面花青中略带墨韵，莲叶浮出水面，疏密结合，高低错落，几支淡雅的荷花挺立水面，或者粉姿盛放，或者初露莲蓬；一个小娃撑着满载莲蓬的小艇在水面上轻行，但见他头顶三抓髻，脖挂长生锁，身着红肚兜，手执青竹竿，浓眉大眼，嘴角带笑，顽皮、纯真的情态毕露无遗。学生看到这里，想到这里，说到这里，听到这里，不但了解了古代儿童的服饰特点和水墨画以少胜多的写意风格，更直观而深刻地感受到了儿童的乐趣和夏日的情趣，于诗画融合中给学生以传统文化的熏陶。最后，提供一年级上册《江南》一课的情境图和课文，引导学生进行对比性学习，感受采莲时船行之轻快，人物身姿之轻盈、心情之欢快，再次加深对水墨江南的印象，激发学生的赞叹与向往之情。

三、民俗生活图，传承家国情怀

中国自古就有入国问禁、入乡随俗的民间传统，民俗最贴近百姓身心和生活，是世世代代传承的文化。中国民俗包括饮食文化、服饰文化、传统建筑文化、传统节日文化、姓名文化、信仰禁忌等诸多方面。统编本教材的一大亮点便是以情境图的形式，为我们展开了一幅精彩生动的民俗画卷，给学生以绵绵不断的传统民俗文化熏陶。

统编本教材一年级下册的封面是《儿童晴雪图》。只见雪满屋脊，树披银装，大红灯笼高高挂，福字春牌贴红门；蓝天晴日照小院，木格窗户檐下藏。三个小孩儿或堆雪人，或吃冰糖葫芦，总角之乐，言笑晏晏。马扎闲置一侧，柴犬绕雪撒欢，动静之间，更显生机盎然。这幅封面情境图中蕴含着丰富的传统民俗文化元素，需要我们深度挖掘，层层揭示。笔者教学本课时，将此图与本册第一课《春夏秋冬》结合起来，让学生观察封面图画，了解冬季的景物特点和人们的生活习俗。

首先，笔者引导学生观察晴雪初霁的自然图景，在观察与描述的过程中深入了解冬天的季节特点。其次，引导学生观察画中儿童的活动，从而了解与春节有关的节日文化。一是以冰糖葫芦为代表的春节小吃。相传冰糖葫芦起源于南宋，历史悠久，酸甜可口，是有名的传统小吃，具有家乡的味道、童年的味道，一般在冬季入岁、春节临近时上市。二是以春牌和灯笼为代表的节日仪式。春牌就是写着“福”字的红纸，贴春牌是欢度春节的传统习俗，寄托了人们对幸福生活的向往，对未来一年的期望。灯笼在古代又名灯彩，因其色彩、形状等特点，被人们赋予了张灯结彩、团团圆圆、红红火火等美好寓意。唐开元年间，为了庆祝国泰民安，人们扎结花灯，借其流光溢彩的特点，期盼彩龙兆祥、民阜国强。一只小小的灯笼里，点燃着传承千年的家国情怀。

教师在引导学生观察情境图时，随机应变地插叙上述内容，引导学生从一个季节深入一种生活，从一张图画联想到自己的经历，从当前的个人经验走向悠久的传统民俗文化。传统民俗文化包含着童年味、家乡味、中国味，学生在咀嚼和融合的过程中，生发着越来越深、越来越浓的家国情怀。在这一过程中，民俗生活情境图是教学过程的枢纽所在，是学生的兴趣所在，也是为其打开优秀传统文化世界的一道门。打开它，学生得以在民俗文化中徜徉。

“不同种类的艺术趋向于互相替代，如果还不能达到这一点的话，至少也互相增添了新的力量。”（法国诗人波德莱尔语）充分挖掘统编本语文教材中的传统文化情境图，能为语文教学补充新的力量，拓展新的教学空间，让中华优秀传统文化自然而然地在语文课堂中生发出来、流露出来、发扬开来，如春水涨池，养鱼于无形；春风化雨，润物于无声。学生在具有浓浓中国味的课堂里，形成独特的人文情怀和审美情趣，成为优秀传统文化的传承者。

（本文发表于《语文教学通讯》小学版2018年第5期，有改动）

定好位，施好策

——统编本语文教材第一学段童话类课文教学目标及策略

基于对现实生活的观察，采取反复、拟人、夸张等手法，设置契合少年儿童思维能力的情节，组织充满想象与联想的内容，这种学生喜闻乐见的文学体裁就是童话。作为小学语文教学的重要组成部分，童话教学对培养学生阅读趣味、发展学生阅读能力和养成学生读书情怀具有重要作用。《义务教育语文课程标准（2011年版）》第一学段（1—2年级）关于阅读的目标和内容中，有如下要求："让学生阅读浅近的童话、寓言、故事，向往美好的情境，关心自然和生命，对感兴趣的人物和事件有自己的感受和想法，并乐于与人交流。"

万丈高楼平地起，关键还得看地基。如果把阅读教学比作万丈高楼，那么第一学段的阅读教学就是"地基"，而第一学段的童话教学是地基中的关键部分。如何正确定位第一学段童话教学的目标，开发童话教学的有效策略，把"地基"打好？下面，笔者就此问题略作分析。

一、第一学段童话教学的目标定位

为了更加精准地定位一、二年级童话教学的目标，研究童话教学的有效策略，笔者整理了小学语文统编本教材一年级上下两册和二年级上下两册中的童话课文。经过分析，笔者发现童话在所有课文中占比大约为三成。《小壁虎借尾巴》和《小猴子下山》等童话在人教版课本中早被选用；《小公鸡和小鸭子》《小马过河》等童话在统编本教材中属于"失而复得"；《狐狸分奶酪》《雾在哪里》等童话源自匈牙利、俄罗斯等国家，属于"进口"童话。统编本教材中的这些童话都有一个鲜明的特点，那就是将童话中的角色赋予了儿童的特性，具有了儿童的生命色彩。树和喜鹊是友好的邻居，彼此陪伴；小鸭子和小公鸡是亲密的朋友，互相帮助；小猴子下山三心二意，徒劳无功；雪孩子为了小白兔化身为云，舍己为人。由于这些童话中的角色具有了儿童的品质或特点，学生在阅读时如临明镜，从童话看到了自己的影子。

第一学段是学生带着目标进行阅读的初始时期，也是最关键的时期。在此之前，多数学生的阅读往往自然、散漫，只凭兴趣或家长、幼儿园教师的引领，被动阅读情况多，主动阅读情况少，且缺乏阅读目标和阅读策略。在第二学段（3—4年级），学生虽然有了些阅读的知识基础，但已非培养阅读兴趣与习惯的最佳时期。因此，笔者将第一学段的童话教学目标定位如下：

一是体会阅读趣味。学生喜欢童话课文，爱读经典的童话，能和同学、家长分享阅读童话的乐趣。

二是感知文体特点。教师通过情景创设与文体对比，引导学生在教学过程中发现童话的文体特征，初步感知其奇幻丰富的想象、浪漫的故事情节。

三是提高阅读能力。学生能够应用简单的策略阅读童话，能够讲清楚童话故事，说出自己的感受或者想法。

四是感受童话之美。学生能够感受到童话循环往复的结构美、清新自然的语言美、离奇曲折的情节美、悲欢离合的情感美、仁义高尚的道德美等，受到“美”和“德”的熏陶。

以上四个教学目标由低到高，逐步发展。体会阅读趣味作为第一层目标，是童话教学甚至所有阅读教学的基础，只有立根固本才能挺躯拔干。感知文体特点作为第二层教学目标，意在使学生基于兴趣，树立文体意识，初步感受童话的特点。提高阅读能力作为第三层教学目标，主要让学生初步了解和应用阅读策略，在阅读中进行理解、复述和表达等学习活动，落实语文的工具性。感受童话之美作为第四层教学目标，旨在让童话化为学生精神生长的营养，培养学生审美鉴赏与创造、文化传承与理解的语文素养。

在精准定位第一学段童话教学目标的过程中，要特别注意不可拔高童话教学的目标，不可异化童话教学的功能，务必通过教学目标，让童话成为童话。

二、第一学段童话教学的基本策略

汪潮教授提出文学作品的三个层次[①]：语言符号、文学形象、文学蕴含。童话也不

①汪潮.不同文体教学[M].上海：上海交通大学出版社，2017.

例外。利用童话教学，一要引导学生感受语言符号，发现童话的语言特点；二是要引导学生进入童话情境，在阅读与想象中再现童话形象；三要发掘童话意蕴，在教学过程中把童话的美感与情感充分显现出来，渗透进去。笔者结合这三个层次和第一学段童话教学的基本目标，根据个人的教学经验，尝试整理部分有效策略。

（一）创境养趣——未闻曲调先有情

阅读始于兴趣，学习也始于兴趣。一、二年级的学生天真、感性，教师在教学之初可采用创设情境、激发趣味的策略，营造童话中或唯美，或哀伤，或奇妙，或有趣的情境，激发学生的阅读欲望，实现"未闻曲调先有情"的教学效果。例如，在教学《树和喜鹊》一课时，笔者朗诵了一段《孤独的喜鹊》。喜鹊孤单的形象、寂寞的心情深深感染了学生，让学生在同情之余，不由自主地产生阅读期待，主动走进童话故事的场景中。

此外，童话故事本身也具有强烈的画面感。学生初读课文后，童话故事的部分画面会印刻在学生的脑海中，甚至形成一种短暂的"思维动画"，这就是学生的形象思维。但这种形象思维一般是片段化的、不完整的、闪现式的。教师要抓住这一点，通过创设情境的策略，引导学生将自己的形象思维补充完整，以便形成更加浓厚的阅读趣味。例如，在教学《寒号鸟》一课时，学生在教学之初便下意识地把自己想象成了勤劳的喜鹊，在阅读过程中自然地与寒号鸟发生"对话"。笔者利用这一点，找到三个关键节点，引导课堂产生连续的情境："冬天快要到了"是第一种情境，"冬天说到就到"是第二种情境，"寒冬腊月"是第三种情境。师生利用浅白的语言和相似的结构创设连续的情境，使学生自始至终保持学习童话的兴趣。

（二）"演"学语言——涵泳工夫兴味长

统编本小学语文教材第一学段的童话课文语言浅显易懂，叙述简单明了，表达生动形象，情节富有趣味。循环往复的结构和情理之中的结局，尤其适合学生阅读、复述、传诵、讲演，从而在实践中反复涵泳和品味，获得语言训练的效果。笔者在此仅就"演"的策略作一例谈。

童话来源于学生的生活，又引导着学生的生活理想。学生扮演童话中的角色，有利于回归这种生活中，在童话中发现自己，将童话语言变成"自己说的话"。只有身临其境地感受，才能获得对童话语言的切身体会。例如在教学《青蛙卖泥塘》时，学生结合在跳蚤市场中获得的买卖经历，分别饰演青蛙、老牛、野鸭、小鸟、小兔、小猴和小狐狸。学生模仿动物的口吻，做出动物的动作，演出动物的神情，从而使台词化作自己的心里话，自然地表达出来。在学生演的过程中，笔者重点引导学生通过关键词语，揣摩动物的语气，如“不过，要是周围有些草就更好了”这一句中的可惜语气，“卖泥塘喽，卖泥塘喽”这一句中的热情语气等。先扶后放，先仿再创，让学生一步步深入文本，体会语言的妙处。

（三）渗透“美”“德”——此番读书意深沉

目前，在对以传授知识为主的语文课堂模式进行改革后，部分教师矫枉过正，过度重视语言运用，弱化甚至忽视了“文化传承与理解”和“审美鉴赏与创造”这两项重要的语文核心素养。文化传承与理解中包含一个“德”字，既是文德，又是道德；审美鉴赏与创造中包含一个“美”字，即是情感美，又是艺术美。在语文教学中涵养“美”“德”，旨在引导学生在理解文本意蕴的基础上，体会童话中人物的美好情感，学习童话中人物的高尚品质，见贤思齐，见不贤而内自省，产生“此番读书意深沉”的学习思考和“心飞广宇觅神交”的共鸣之情。渗透“美”“德”的教学策略，重点在于润物无声。

例如，《开满鲜花的小路》一课中，长颈鹿大叔给鼹鼠先生寄来了一些“小颗粒”，鼹鼠先生拿着它们去向松鼠太太请教，却不小心把它们漏在了路上。第二年春天，通往松鼠太太家的路成为一条开满鲜花的小路。学生恍然大悟，原来“小颗粒”就是花籽。故事让人心中充满了温暖。笔者在教学本课时曾作如下提问：“这么美好的礼物是谁送的？”“假如你是鼹鼠先生，看到开满鲜花的小路，你想对长颈鹿大叔说点什么？”有位学生说：“每播下一粒小小的花籽，就在我们每个人心中种下大大的快乐。”两个问题的引导，让学生在一路花开的绚丽景象和步步推进的故事高潮中发现童话之美，充分感受“幕后人”长颈鹿大叔的美好品质，发掘童话内在价值，受到美育与德育的双重熏陶。

“有一个孩子每天向前走去，他看见最初的东西，他就变成那东西，那东西就变成了他的一部分……”[①]惠特曼的一句诗，恰恰是童话教学的关键——让孩子在童话中成为孩子，更加纯真，更加美丽，更加富有思考的才能。

①惠特曼.鼓声[M].屠岸，译.广州：花城出版社，2012.

《蜘蛛开店》文本解读与教学实录

《蜘蛛开店》是一篇有趣的童话故事，收在统编本语文教材二年级下册中。这篇课文情节简单，一波三折，易于激发学生的阅读兴趣；作为童话，具有结构反复、容易把握的特点，便于学生进行复述训练；具有独特的思维价值，利于学生在阅读、复述与续编中体会“改变”的趣味与道理。在本课教学中，要将发展语言与发展思维结合起来。

课文写蜘蛛不是为了写开店，而写开店是为了写蜘蛛。笔者听过十余节《蜘蛛开店》的网络录像课和垦利区组织的优质课，翻阅了《小学语文教学》等期刊中八篇有关《蜘蛛开店》教学设计和实录，发现有的教师把《蜘蛛开店》上成“蜘蛛开了三次店”，把复述“蜘蛛开店”上成复述“蜘蛛开口罩店”，把指向语言与思维训练的阅读课上成表演课、续写课、科学课，把“体会‘改变’的思维趣味、尝试‘改变’思维”上成“‘迎难而上、贵在坚持’的挫折教育”。归根究底，是教师缺乏课程理解、目标意识和体裁认知，以至于在挖掘课文价值时拿捏不当，这提醒了笔者的教学。

笔者认为，教学这篇课文应溯源课标，落脚学情，从作者叙事的顺序、重点和方法出发，形成基于文本特色的教与学路径，收获这篇课文独特的思维之趣、童话之乐与语文之味，在有限的文本里争取最大的自由。

此外，课文中包含的生字和词语对低年级学生而言比较重要，要坚持将识字和写字作为学段教学重点，在本课中有效落实这一目标。识字的方式力求灵活多样，通过“字不离词、词不离句、句不离文”的设计成全课文情境的完整性。

一、理解课程标准，探明教材编排，明确能力梯度

（一）课程标准依据

1. 与童话体裁有关的要求。《义务教育语文课程标准（2011年版）》在第一学段中提出：“让学生阅读浅近的童话、寓言、故事，向往美好的情境，关心自然和生命，

对感兴趣的人物和事件有自己的感受和想法，并乐于与人交流。”

2. 与复述能力有关的要求。《义务教育语文课程标准（2011年版）》在第一学段中提出：“听故事、看音像作品，能复述故事大意和精彩情节。能较完整地讲述小故事，能简要讲述自己感兴趣的见闻。”

3. 与识字、写字有关的建议。《义务教育语文课程标准（2011年版）》在实施建议中提出：“识字、写字是阅读写作的基础，是第一学段的教学重点。”

（二）能力训练体系分析

笔者以三个表格呈现对本课相关能力训练体系的分析，梳理课标对每个学段的要求，从而关注教学目标的梯度，不低估也不逾越。

表1　统编本语文教材二年级下册单元主题、语文要素和关键能力的横向编排

单元次序	人文主题	语文要素	关键能力
第一单元	春天	朗读课文，注意语气和重音	朗读能力
第二单元	关爱	读句子，想象画面	阅读能力和想象能力
第三单元	传统文化	识字，写字	发现和运用识字规律的能力
第四单元	童心	运用学到的词语把想象的内容写下来	想象能力和语言语用能力
第五单元	办法	根据课文内容，简单谈谈看法	对内容进行意义重构的能力
第六单元	大自然的秘密	提取主要信息，了解课文内容	信息提取能力
第七单元	改变	借助提示讲故事	复述能力
第八单元	世界之初	根据课文内容展开想象	想象能力
能力培养具有整体性与综合性，《蜘蛛开店》以点带面			

表2　统编本语文教材中复述能力的梯度设计

一年级	听故事，讲故事
二年级	借助插图等工具讲故事
三年级	详细复述
四年级	简要复述
五年级	创造性复述
训练目标具有连续性与发展性，《蜘蛛开店》承前启后	

表3　统编本二年级语文教材复述的内容与方法

方法	借助插图	利用关键词句、提示语	分角色表演	利用示意图、表格
课文举例	《小蝌蚪找妈妈》	《曹冲称象》	《狐假虎威》	《蜘蛛开店》
	《开满鲜花的小路》	《玲玲的画》	《青蛙卖泥塘》	《小毛虫》
	《邓小平爷爷植树》	《难忘的泼水节》		《羿射九日》
	《千人糕》	《风娃娃》		
		《小马过河》		
		《大禹治水》		
复述方法具有具体性和多样性，《蜘蛛开店》示图导思				

二、分析具体学情，确定本课目标，厘清重点、难点

（一）学情分析

1. 关于复述能力培养的学情。二年级上册《小蝌蚪找妈妈》《玲玲的画》《大禹

治水》等课已经引导学生借助图片、词语和句子讲故事，对学生进行了初步的复述训练。

启示：本课教学要充分依托已有基础，按顺序讲述故事。

2. 关于二年级学生的学情。二年级学生年龄小，认知能力有限，讲故事的时候容易出现偏题、遗漏等现象。

启示：搭建讲故事支架，使学生在提示的帮助下能够完整地把故事讲述出来。

3. 关于情感态度养成的学情。虽然这篇童话浅近有趣，但是童话中蕴含的关于“改变”的话题，对二年级学生而言理解较难。

启示：教学时注意不要空泛地讲道理，要让学生在阅读、复述和续编故事中充分理解体会。

（二）教学目标

1. 认识“店、蹲”等15个生字，会写“店、决”等10个字，会写“飞虫、无聊”等8个词语。

2. 朗读课文，能根据示意图讲故事。

3. 能根据课文内容展开想象，续编故事，体会“改变”的思维趣味。

（三）重点与难点

1. 教学重点：朗读课文，能根据示意图讲故事。

2. 教学难点：能根据课文内容展开想象，续编故事，体会“改变”的思维趣味。

三、教学过程（第一课时）

课前进行“使用表情打招呼”小游戏。教师依次出示表情图，请学生作相应表情；提示学生，阅读像本课这样的童话故事时，如果能够带上表情，就能读得更加有声有色。

（一）创设故事情境，把童话读通

师：同学们，我们一起跟童话里的主角——小蜘蛛招招手吧！伸出食指，我们一起写一写她的名字，请它隆重登场吧。“蜘”是虫字旁，“蛛”也是虫字旁。横变成——

生： 提。

师： “蜘”“蛛”都是虫字旁，横变提后将“知”让；再写一个虫字旁，“朱”字放右需稳当。与小蜘蛛打个招呼，好吗？

生： 你好，蜘蛛！

师： 快看，小蜘蛛来了！（多媒体出示课文第1自然段，欢快音乐响起）谁能读一读？

生： 有一只蜘蛛，每天蹲在网上等着小飞虫落在上面，好寂寞，好无聊啊！

师： 这个动词你读得特别准确、清晰，可以领读吗？（出示“蹲”字卡，贴于黑板上，全体学生跟读两遍）

师： 小蜘蛛，你蹲在网上干啥呢？

生： 等着小飞虫啊。小飞虫落在网上，我就可以捉虫子了。

师： 只是今天在等小飞虫吗？

生： 我每天都要等。

师： 那你有什么感受呢？

生： 寂寞，无聊。

师：（出示“寂寞”词卡）同学们，你们有感到寂寞的时刻吗？

生： 有。暑假一个人在家待着，特别寂寞。

师： “寂”和“寞”都是宝盖头，看来它们两个都和房屋有些关系。教室里静悄悄的，就是“寂”；教室里一个人都没有，就是“寞”。教室里既没有动静又没有人，那就叫——

生： 寂寞。（师将“寂寞”词卡贴于黑板）蛛网就是小蜘蛛的家，它一个人蹲在“家里”，日复一日、年复一年地等待小飞虫落到网上，既没有动静，也无人陪伴，它感觉——

生： 好寂寞，好无聊啊！

师： 对，课文里还有“好”字。“好”寂寞，“好”无聊啊！加上“好”字，小蜘蛛就更加寂寞、更加无聊了。哪位同学读一读第1自然段？（生读）

师： 哎哟，这样寂寞，这样无聊，我们还是找点有趣的事情做吧。于是小蜘蛛发现，动物家园里的小家伙们都在开商店呢！（多媒体展示图文）大家看看，都有什么商店？

生： 黑熊蜜糖店。啄木鸟森林护理店。鸭子游泳训练班。

师：小蜘蛛羡慕得不得了，它也要开一家商店。（出示“商店”词卡，领生读两遍，把词卡贴在黑板上）不过，小蜘蛛不会写‘商店’，只认得字中的“口”。哪位同学教一教小蜘蛛呢？（多媒体出示写在田字格里的“商店”）

生：“商”字笔画多，我们要把“商”字中的“口”写得小一些。“店”字中的“口”可以写得大一点，扁平一点，因为它的笔画比较少。

师：说得好。在不同的汉字里，一个偏旁的形状与大小可能会变化。伸出手，跟老师写一遍（范写）。同学们各写一个。（生在田字格中书写）

师：（借助实物投影展现学生书写情况）看，这位同学关注到“口”的变化，而且起笔写得也不错，我们送给她一个笑脸的表情（在田字格中画出笑脸）。看一下其他小组成员的“大作”，如果写得好，也可以奖励给他一个笑脸表情。（生互相评价）

师：小蜘蛛对大家说：“谢谢你们教我写字，你们又热心，又认真！”现在把笔收起来，把背挺得直直的，小蜘蛛的商店正式开业了！（出示图文）读——

生：口罩编织店，每位顾客只需付一元钱。

师：课文大家都预习过了。谁知道小蜘蛛的商店都有什么商品呢？

生：口罩，围巾，袜子。（师按顺序出示“口罩”“围巾”和“袜子”词卡，点名请生分别读两遍，然后把词卡贴于黑板）

师：一起读读这三块招牌吧。（多媒体出示三个词语，生齐读）

师：件件一元钱，样样一元钱，生意一定很兴隆。不过，为什么小蜘蛛开始卖口罩，然后卖围巾，后来又卖袜子呢？请大家一边朗读课文，一边想一想这是怎么回事。

生：蜘蛛卖口罩的时候，河马正好来了。河马嘴巴那么大，蜘蛛织了一整天。

师：是它吗？（出示“河马”词卡，生齐读）请这位同学把词卡贴在口罩编织店招牌之下。

生：所以蜘蛛不敢卖口罩了，改卖围巾了。没想到长颈鹿来了，它的脖子特别长。

师：谁来了？（出示“长颈鹿”词卡，生齐读）蜘蛛这一回织了多长时间？

生：一个星期。

师：这一回把蜘蛛累趴下了。请你到黑板前贴好词卡。然后呢？

生：蜘蛛又开始卖袜子，没想到来了一只蜈蚣，它有四十二只脚！

师：（出示“蜈蚣”词卡，生齐读）你来把“蜈蚣”贴到黑板上，好吗？

师：（指着黑板）看来啊，不是蜘蛛的编织本领太差，而是它遇到的顾客（出示“顾客”词卡）太特别了！（把词卡贴于黑板）一起读两遍。（生读）

【设计意图】笔者使用学生非常熟悉的动态表情图营造了氛围，促进了师生情感交流。板书课题时教学词语“蜘蛛”，语言生动形象，富有韵律，同时引导学生发现形声字特征和笔画的变化。针对词语“寂寞”设计随文识字活动，联系学生生活经验理解内涵，字理教学水到渠成。教学词语“商店”时一语带过，轻快自然，同时出示多种动物商店图，饱含童趣，激发童心。教师范写与学生书写“蜘蛛”二字时，创设童话情境——请学生教小蜘蛛，增强课堂趣味，提升学习动力，学生身临其境。接下来，进入整体感知课文的环节，提问：“不过，为什么小蜘蛛开始卖口罩，然后卖围巾，后来又卖袜子呢？”以此形成“思维矛盾”。学生深入阅读和思考后，将焦点定位于三位顾客的特征。此时此刻，在学生流畅识字、自然写字的同时，黑板上的思维导图也逐步形成。

（二）借用表情符号，把童话读好

师：瞧，第一位光临蜘蛛编织店的顾客来了。（多媒体出示第4自然段）谁来读？

生：顾客来了，是一只河马。河马嘴巴那么大，口罩好难织啊，蜘蛛用了一整天的工夫，终于织完了。

师：带上表情，再读读。（多媒体出示动态表情图）

师：哪位同学读完整的一段？我们一起看看他的表情。（生读）

师：声情并茂，读得真好！要是带上前面两段，你还能读得这样好吗？（生读）

师：下面，老师可要加大难度了。看着图片和表情图，谁能讲一讲这一段发生的故事？（生复述）

师：你的故事讲得很清楚，声音也很清脆，要是表情再丰富点儿就更能体现出你在绘声绘色地讲故事啦！我们再请一位女生讲一讲。（生复述）

师：热烈的掌声送给她！（生鼓掌）老师想问问小蜘蛛，还想继续卖口罩吗？

生：不想了。

师：为什么？

生：如果河马再来，可怎么办啊？

师：说得对。河马有个大家庭，它家里还有河马爸爸、河马妈妈、河马姥爷、河马姥姥呢！（生笑）不卖口罩卖什么呢？（多媒体出示第5自然段和第6自然段）到了晚上，蜘蛛就想——

生： 还是卖围巾吧。

师： 因为——

生： 围巾织起来很简单。

师： 第二天——

生： 蜘蛛换了一块招牌——围巾编织店，每位顾客只需付一元钱。

师： 仔细看看。（多媒体出示“从脚到头逐步显现长颈鹿”的动态图，师生对读）顾客来了——

生： 只见身子不见头。

师： 蜘蛛向上一看——

生： 原来是一只长颈鹿。

师： 他的脖子——

生： 和大树一样高。

师： 脑袋从树叶间露出来——

生： 正对着蜘蛛笑呢！

师： 带上动态表情图，你会怎么读？（多媒体出示动态表情图）自己读读看。（生练读，师指名读）

师： 长颈鹿啊长颈鹿，瞧你的脖子，和大树一样高，蜘蛛都被你累趴下啦！你瞧它织啊织，足足忙了——（多媒体出示：“蜘蛛织啊织，足足忙了一个星期，才织完那条长长的围巾。”）

生： 一个星期，才织完那条长长的围巾。

师： 真可怜！读这句话时，可以带上什么表情呢？（生带着表情再读）

师： 哈哈，你的表情是标准的“愁眉苦脸”，你一定非常同情蜘蛛吧？（指名另一生再读）

师： “蜘蛛”快要哭出声了！同学们读得太生动了。加上前两段，带着表情，我们再来读一读吧。（男生、女生轮流读）

师： 合上书，谁来讲一讲长颈鹿买围巾的趣味故事？（生复述，自然流畅）

师： 我说小蜘蛛啊，你还要继续卖围巾吗？

生： 不卖了。

师： 怎么？

生： 我都累得趴在地上了。

师： 那么，商店还要不要开呢？

生： 肯定开，还要卖袜子。因为袜子织起来很简单。

师： 是吗？可是后来啊，就有这样的一幕。（多媒体出示："可是，蜘蛛看到顾客以后，却吓得跑回网上。"）读——（生读）

师： 发生了什么事，吓得蜘蛛匆忙逃走？（多媒体出示最后一句）原来——

生： 那位顾客竟是一条有四十二只脚的蜈蚣！

【设计意图】朗读是童话教学的难点，更是重点，笔者继续借助动态表情图引导朗读。带着表情朗读课文时，学生不由自主地形成了适合故事情境的语速、重音、停顿和语气，感悟作为一只蜘蛛的复杂心情。与此同时，笔者采取了问读、引读、对读、范读等阅读策略，学生朗读绘声绘色，声情并茂，进一步融入了蜘蛛开店的童话情境之中。

把课文读好，才能练习复述，朗读是复述的根本。推进河马和长颈鹿两部分内容的教学时，笔者采取了多层次复述策略，清晰地展现了能力训练的梯度——从借助动态表情图、直观图画进行复述，到借助关键词复述，都考虑到了学生已有复述能力的巩固、衔接和过渡。最后又借助黑板上成形的思维导图，自然、完整、有条理地复述故事，从而立足学生当前实际能力，在最近发展区逐步落实教学目标。

（三）借助思维导图，把故事讲好

师：（指板书）在一个星期以前，小蜘蛛每天还"蹲"（取下黑板上的字卡）在网上，等着小飞虫，好"寂寞"（取下词卡），好无聊啊！所以呀，它决定开一家"商店"（取下词卡），没想到啊没想到，碰见的"顾客"（取下词卡）都这样特别！卖口罩的时候它遇见河马（彩色粉笔连线），河马的嘴巴那么大！蜘蛛织了一整天！后来改卖围巾，却遇见了长颈鹿（彩色粉笔连线），长颈鹿的脖子和大树一样高，蜘蛛足足织了一个星期，累得趴在地上。唉，还是去卖袜子吧。没想到的是，这位顾客竟然是有四十二只脚的蜈蚣！蜘蛛开商店的童话就是这样。"开商店"简称"开店"（取下字卡"商"，随即板书"开"），读——

生： 蜘蛛开店。

师： 现在谁能根据课本上或者黑板上的示意图，完整地讲一讲蜘蛛开店的故事

呢？同学们做一下准备。（生讲故事）

师：老师发现你们现在既爱讲故事，又会讲故事，掌声送给你们！今天回家后，记得给家人们讲一讲蜘蛛开店的故事。下课！

【设计意图】本课教学目标以复述为重点。复述训练在随文识字和整个阅读教学过程中层层推进，自然流畅，逐步实现，水到渠成。本课是第一课时，教师没有面面俱到，而是抓住重点，从读通到读好，再到讲完整，关注学生的思维发展与提升，让学生实实在在有收获。

［附］《蜘蛛开店》板书设计

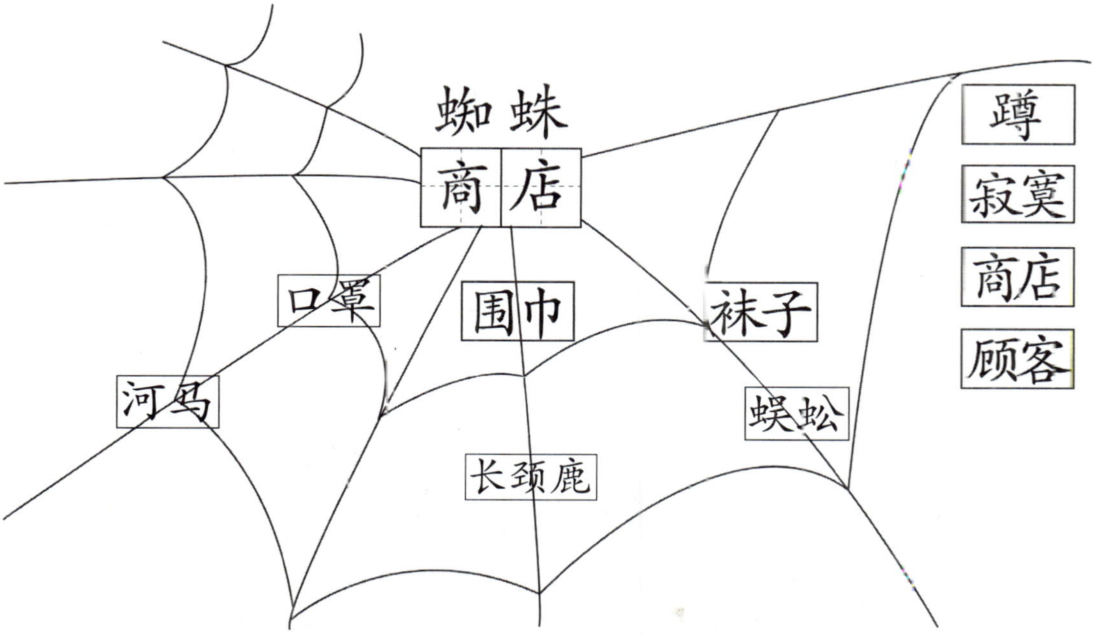

【后记】

本课是笔者参加山东省东营市垦利区优质课评选的一等奖课例。《蜘蛛开店》作者鲁冰是笔者友人，设计本课时，笔者曾与他沟通。鲁冰说“一根长长的蛛丝将我们连在一起”，希望小学生在学习《蜘蛛开店》后“获得更多思维的乐趣”。笔者认为，这种乐趣不是阅后即可获得，还要依托教师的精心设计，引导学生挖掘并体验。

第二辑

阅读教学：思维、情怀、生命

旧的读文教法，教师每把某事项的内容，先行讲演……实则大错特错。如把文字没有写出的，使儿童想象，把文字的美处，使儿童欣赏，必使儿童津津然如饮醴一般。

——赵宗预《小学读文教学法述要》

统编本语文教材读书拓展与情怀培养

《义务教育语文课程标准（2011年版）》指出："要让学生充分地读，在读中整体感知，在读中有所感悟，在读中培养语感，在读中受到情感的熏陶。"小学语文统编本教材按照宽泛的人文主题和语文要素双线组织单元结构，且人文主题更加鲜明，人文素材更加丰富，人文内涵更加深厚。语文教育的人文目标尤其需要通过课文阅读和拓展阅读来实现，因此统编本小学语文教材十分重视阅读。从一年级的"和大人一起读"，到二年级的"我爱阅读""快乐读书吧"，再到三年级的"阅读链接"和"单元阅读指导"。科学新颖的阅读模块和衔接紧密的分层设计，无不反映了教材编写者的阅读理念和良苦用心——激发学生的阅读兴趣，训练良好的读书方法，发展学生的阅读素养，最终培养学生的读书情怀。

想要实现以上目标，我们必须充分分析课文与文后潜藏的经典图书，通过教材课文之"卤水"，点化经典图书之"豆腐"，移樽向海，遍尝书中滋味，从而使学生情有所感、读有所得。下面，笔者仅就统编本教材读书拓展与情怀培养问题，试作分析。

一、形象浪漫，引人入胜——激情的童话

童话是最常见的儿童文学体裁，童话中离奇的想象、丰富的联想和独特的夸张塑造着浪漫的人物形象，对儿童产生潜移默化的教育效果，激发他们欲罢不能的阅读欲望。列宁曾说，爱听美妙的童话是儿童的天性。统编本教材编写者深谙此理，设计的童话课文在小学低段占了较大比重。《小毛虫》《大象的耳朵》等课文人物形象鲜明，故事情节引人入胜；《青蛙卖泥塘》《蜘蛛开店》《月亮姑娘做衣裳》等课文富有思维价值，文质兼美，化育无声。

学生学习以上童话课文后，教师要适时拓展课外经典图书。笔者推荐金近的《小鲤鱼跳龙门》、严文井的《"歪脑袋"木头桩》、冰波的《小狗的小房子》、陈伯吹的《幻想张着彩色的翅膀》。这些童话浅显易懂，新奇有趣，其中的树木花草、鱼虫

鸟兽都被赋予了人格化的形象，具有了让人亲近的思想情感。

以《小鲤鱼跳龙门》为例。这篇童话主要讲述了一群小鲤鱼心怀梦想踏上征程，不畏艰险，顽强拼搏，最终跳跃龙门，过上幸福生活的故事。教师在拓展阅读时，既要善用童话激发学生情趣和想象力，又要通过童话训练低学段学生的阅读技能。一是主题激情。结合教材中童话课文的教学要求，引导学生通过书名猜故事主人公形象和主要情节，让学生在想象之余心向往之。二是图文激情。引导学生欣赏书的封面与插图，图文结合趣读童话，注意到童话的作者是今近。三是导读激情。教师和部分学生选择《小鲤鱼跳龙门》中的经典片段朗读展示，从而引发学生的好奇心和朗读热情。“小鲤鱼们一次又一次地被急流冲了下来，谁也跳不过去，这可怎么办呢？”[①]未读者对了解下文的渴望之情，已读者对公布结局的热切之情，都在问题与活动中激发出来。四是讲述激情。学生的愉快感不仅来自于听童话，还产生于讲童话。教师用泡泡语等形式给学生搭建提示支架，帮助学生梳理童话脉络，完整而又顺畅地把故事讲给家人和朋友听。

统编本教材一年级读图说故事的阅读策略、二年级看书名猜故事的阅读策略和三年级“直接预测”的阅读策略一脉相承、层层递进、逐级发展。教师要把教材提供的阅读策略在拓展阅读中充分运用和巩固，借助童话激情、养趣、训技、鉴美。

二、情节曲折，品味悠长——入情的故事

童话是一种独特的故事形式，因为普遍受儿童欢迎，因此笔者将其单列为一项。除了童话故事，统编本教材中还有寓言故事、民间故事和漫画故事等故事形式。以上几类故事与童话故事风格迥异，少有细腻的语言描写或形象刻画，而是注重情节的曲折、生动，义理的自然、深刻，特别适合言传口述，从容感悟。

寓言故事语言凝练，篇幅简短，饱含讽喻，富有思想。在统编本教材中，《狐假虎威》《鹬蚌相争》《坐井观天》《刻舟求剑》《亡羊补牢》《揠苗助长》等课文均以其简练朴素的文风和简单有趣的叙述，把深刻的道理寄寓在短小的故事中，令学生深受启发。要加强学生对寓言故事的文体感受、对寓言含义的领会程度，教师须进行相关的拓展阅读，笔者推荐《伊索寓言》和《中国寓言》。伊索是古希腊的奴隶、寓言家，他博学多闻，经历丰富。《伊索寓言》融入了作者的人格理想，或讽或劝，

①今近.小鲤鱼跳龙门[M].北京：天地出版社，2016.

或教或赞，处处闪烁着智慧的光芒，传导着正义的声响。《农夫和蛇》《狼和小羊》等耳熟能详、家喻户晓的故事皆出于此。《庄子》恣肆，《孟子》雄健，与希腊寓言相比，中国寓言更加灵动夭矫，寄意深远。笔者推荐马亚中、吴小平主编的《中国寓言》一书，该书遴选中国寓言800余则，自先秦至晚清，自《管子》至《笑林》，不拘风雅，披沙拣金，可谓寓言之集大成者。阅读此书，能令学生在涤除困顿之余会心一笑，掩卷沉思之际增长见闻，启蒙开智之时传承经典。

民间故事又称“古话儿”，本质上属于口头文学，大概可以分为公案故事、传奇故事和神话故事等。统编本教材选用的《李时珍》《鲁班造锯》《羿射九日》《寒号鸟》等课文都在此列。《李时珍》一文主要讲述了李时珍编写《本草纲目》的故事，学生能从故事中感受古人历尽艰辛、攻坚克难的精神和遗泽后世、光照百代的价值。《鲁班造锯》的编写目的是让学生体会古人的聪明才智，养成善于观察的品质。《羿射九日》塑造了后羿坚韧刚毅、英雄无畏的伟大形象，也传递出神话源于生活的基本认知。《寒号鸟》看似是语言浅白、生动有趣的当代童话，其实是一则流传已久的民间故事，典出明朝陶宗仪的《南村辍耕录》。课文以喜鹊和寒号鸟作喻，反映了只有辛勤劳动才能创造美好生活的朴素道理。民间故事题材广泛，叙事明白，不仅蕴含中华优秀传统文化，更对当下的现实生活具有指导意义。

笔者向同人推荐李建树和孙侃主编的《中国民间故事》。该书是浙江少年儿童出版社出版的注音版图书，适合低段小学生阅读，且兼收并蓄了《神农尝百草》《孟姜女哭长城》《仓颉造字》《找姑鸟》等多主题、多种类、多民族的民间故事，其中包含的民族情感、历史见闻、乐观精神、美德嘉行等人文元素，给人以知识、教诲、鼓舞和希望。除了寓言故事和民间故事，统编本教材还创新选用了《父与子》等漫画故事，为学生创造了图文结合讲故事的丰富情境和“画有尽而意无穷”的想象空间，在此不再一一赘述。

在进行寓言故事、民间故事和漫画故事拓展阅读时，教师要注意“入情”。一是走入情节。人物是小说的生命力，而情节是故事的精气神。教师要注意引导学生关注情节，即起因、经过和结尾，把握故事的顺序，进而理解故事的内容。二是走入情境。教师指导学生通过朗读、默读、合作读等多种形式，牵引学生身临其境，化身主人公，切实感受曲折离奇的经历和人物的性格品质。三是走入情怀。通过“民间故事大家讲”等活动言传口述，感受民间故事特有的魅力和讲演故事的成就感，培养爱读书的心境、情趣和胸怀。我们可以称之为“读书情怀”。

三、曲径通幽，抒情言志——唤情的诗歌

涵泳性情，莫过于诗歌。统编本教材中选用了大量的古诗、儿童诗以及歌谣，在这里我们统称为诗歌。这些诗歌或语言简短、节奏明快，或对仗工整、合辙押韵，或别具文心、童趣十足，给学生带来滋味悠长的阅读体验。笔者根据其文白程度试着作出区分。

诗词为心，白话行文。“一方鱼塘，一块稻田。一行垂柳，一座花园。”四个“一”字打开四扇观景窗，“开轩面场圃，把酒话桑麻”的田家诗趣跃然纸上，这是统编本教材中的《场景歌》。于图文对照间，感受词语形象；在诗心文意里，丰富学生感知。儿童诗富有童心童趣。《要是你在野外迷了路》语言通俗亲切、韵律优美，娓娓道来的叙述语气，情趣盎然的细节描写，令人深受吸引，恨不能即刻投身奇妙的大自然。《彩色的梦》充满童真、稚趣，描述小朋友画画时的奇思妙想，以一支彩笔为精灵，以跳跃思维为舞步，泼洒出大片鲜艳的色彩和奇异的景象，对大自然的赞美与向往之情跃于纸上。《祖先的摇篮》结构清晰、行文明朗，以儿童好奇的发问引领全篇，在推想中重现了原始森林的自由景象。儿童诗、现代诗等白话诗歌质朴平易，朗朗上口，句式简洁，灵活多变；同时富有韵律美和节奏感，情感基调明朗快乐。在进行拓展阅读时，笔者推荐高洪波的儿童诗集《大象法官》和泰戈尔的《新月集》。“这是一段墨绿色的河湾，鱼儿肥美，水草甘甜。为了争夺这块宝地，河马和鳄鱼发生了争端。”①它们到大象面前打官司，大象因为无知而误判。诗歌既有生活常识的悄然渗透，又有注重观察的谆谆提醒，使学生读有所感，思有所悟。与启迪智慧的《大象法官》相比，《新月集》更像一条潺潺的溪水，在明净的阳光下折射出儿童世界的晶莹与清澈。37首小诗构思精巧，活泼新颖，浅近隽永的语言和优美轻盈的意境桴鼓相应，唱出对母亲、孩子和大自然的虔诚赞歌。“如果我闹着玩儿，变成一朵金香木花，长在那树的高枝上，在风中笑得摇摇摆摆，在新生嫩叶上跳舞，妈妈，你认得出是我吗？”②一段段清新愉悦的文字，展现出孩童熠熠生辉的天使心灵。阅读《新月集》，是一场星月为灯、落叶为舟的奇妙旅行，恰合尼采一言：“银白的，轻捷地，像一条鱼，我的小舟驶向远方。”③教师的教学任务，就是与学生一起在阅读中得证这种境界。

---

①高洪波.大象法官[M].合肥：安徽人民出版社，1982.

②泰戈尔.新月集[M].郑振铎，译.昆明：云南人民出版社，2018.

③尼采.查拉图斯特拉如是说[M].钱春绮，译.北京：生活·读书·新知三联书店，2014.

文白相间，以诗演文。“春季里，春风吹，花开草长蝴蝶飞”，诗韵词风，短长句交错，“草长莺飞二月天”的东风气息扑面而来；“早起勤耕作，归来戴月光”，绘其声色，描其场景，再现“晨兴理荒秽，带月荷锄归”的农事风情；“秋季里，稻上场，谷像黄金粒粒香”，以金喻谷，浮想联翩，令人不禁向往“鹅湖山下稻粱肥，豚栅鸡栖半掩扉”的丰收美景。这些文句来自课文《田园四季歌》。该文选自朱文叔主编的民国时期国语教材，读来自然淳朴，隐隐熟悉。小小一文，竟从《采桑曲》《村居》《乡村四月》《归园田居》等七八首古诗中演化而来。与此相近的课文，还有统编本教材中的《十二月花名歌》、人教版教材的《二十四节气歌》等。白话诗破旧立新之初，未能全脱窠臼，文白相间的诗歌应时而生，别有风趣。笔者在此推荐胡适的《尝试集》，作为学生拓展阅读之用。“小星躲尽大星少，果然今夜清光多。夜半月从江上过，一江江水变银河。”（《中秋》）此诗语言浅白易懂，又有“如今直上银河去,同到牵牛织女家”的浪漫唐诗气息。“两个黄蝴蝶，双双飞上天。不知为什么，一个忽飞还。剩下那一个，孤单怪可怜。也无心上天，天上太孤单。”（《两只蝴蝶》）此诗既写出了“留连戏蝶时时舞”的物语情趣，又发出了“渺万里层云，千山暮雪，只影向谁去”的寂寞感怀。拓展阅读这一类诗歌，有利于学生感受从文言文到白话文的发展过程，欣赏文白相间作品的融合之美。

言简义丰，古诗境界。古诗有翰墨之香，有画境之幽，有音乐之声，有形式之美。统编本教材中选用的《晓出净慈寺送林子方》《绝句》等古诗语言浅近明白，写景游移有序，意境高远开阔，读之者身临其境，醉之者心感其情。吟哦之际，浓绿晕染的荷叶，静泊门前的吴船，随着清脆童声渐渐浮现于眼前。虽然诗无达诂，不求甚解，但学生要在课外拓展中广泛涉猎，书读百遍而后追求其中情意之深、哲思之辩、音韵之谐。进行古诗拓展阅读，笔者推荐《大声读：小学生古诗文诵读》。该书系青岛出版社出版，笔者上小学时幸逢此书，反复诵读，打下了比较坚实的文学根基。扑风舞润，饮水思源，不胜怀想而推荐之。书中收录80余首古诗，编选经典，难易适中，内容丰富，回味无穷。教师可结合晨读、午读，常年坚持开展诵读活动。韦编三绝，自然功成。

笔者认为，各种诗歌作为教学媒介时，都有两个方面值得深挖。一是曲径通幽的艺术手法，二是抒情言志的文体功效。曲径通幽是艺术的内敛，抒情言志是豁然的开旷。由暗至明，从敛到抒，自景至情，教师在两者之间通过“读”的阅读策略，导出“唤”的教学效果。一是唤出“明”，引导学生读明白诗歌大意，想明白诗歌的基本感情。二是唤出“抒”，诗歌本为抒情言志，要引导学生把读诗的感受通过有感情的朗读再次抒发出来，设身处地地想作者所想，歌作者所歌。三是唤出“情”，引导学生联系生活经验，结合联想与想象，将个性化的感悟流淌于舌尖，唤出自己的独特情感，感到“此诗恰是我所想”，使学生从情感的体验升华到精神的滋养。

四、语言优美，情真意切——炼情的散文

统编本教材中出现最多的一种文学体裁就是散文。散文一般结构自由，笔法灵活，情文并茂，抒发作者的真情实感。根据内容贴标签，笔者暂将教材中的散文分为“人文”散文和“科学”散文。“人文”散文即是狭义的散文，或者抒情，或者叙事，或者写景，或者议论，具有形散神聚、意境深邃的关键特征。“科学”散文主要指科普文章、科学小品文，一般以科学知识为明线，以人文精神为暗线，交织辉映，能够培养学生的跨学科素养。

“人文”散文，美而有情。《我是一只小虫子》仿佛一只小虫子在喃喃自语，讲述着生活的酸甜苦辣。它用露水洗脸，擦亮触须；与屎壳郎撞“车”，与天牛大婶顶牛；在狗尿里淹得昏头昏脑，在草地里自由地唱歌。这篇课文结构清晰，段落密实，语言俏皮幽默，读来妙趣横生。《枫树上的喜鹊》也是一篇以第一人称叙述的课文。“我”喜欢站在渡口边的大枫树下，看喜鹊一家的快乐生活。本课中反复说“我看见喜鹊阿姨站在窝边”，反复说“我懂得”，这种有规律的反复，创造了回环往复的语感之美和节奏之美。《沙滩上的童话》也具有这样的特点。《雷雨》结构清晰，层次分明，注重引导学生在意境中体验童趣，在想象中发展童心。《画杨桃》《玲玲的画》《一封信》等散文取材生活，反映生活，贴近儿童，鲜活有趣。

小学语文教材中的“人文”散文想象丰富，充满童趣，以儿童视角捕捉生活，以儿童口吻叙事抒情，且经常运用反复的手法、排比的句式、拟人的修辞。笔者在这里向同人推荐一部具有经典性、系统性的散文集——冰心的《寄小读者》。《寄小读者》语言清丽又自然洗练，行文流畅而不失典雅婉约。知识性、趣味性和故事性的调和，成就了冰心散文高度的艺术表现力。“我小时曾为一头折足的蟋蟀流泪，为一只受伤的黄雀呜咽”“我凝望天空，有三颗最明亮的星星。轻淡的云，隐起一切的星辰的时候，只有这三颗依然吐着光芒”[①]……《寄小读者》像一面折光镜，精准地抓住了儿童

①冰心.寄小读者[M].海口：南海出版公司，2015年.

的心理，选择了儿童的视角，激发了儿童的共鸣，使儿童不由自主地去对比阅读体验与生活经验，将自我与作者的情感融为一体。

“科学”散文，通俗有趣。《小蝌蚪找妈妈》知识丰富，情趣深厚，是科学童话的代表作。《太空生活趣事多》以活泼轻松的语言和浅显易懂的描述，介绍新奇的太空现象。《最大的“书”》以对话成文，以“化石”喻书，让学生沿着兴趣的轨道踏上探索自然之旅。《植物妈妈有办法》《树之歌》等课文虽然披着诗歌的外衣，却兼具科学、生动的科学小品意味和“到处皆诗境，随时有物华”（张道洽《岭梅》）的散文视点。《我是什么》通篇以第一人称拟人自述，形象介绍了水的变化和“利害”。“小朋友，你们猜猜，我是什么？”文末发问式的收笔，既为学生思考留白，又开辟了广阔的科学想象空间。

科学的秘密蕴藏于大自然中，“科学”散文的密钥蕴藏于科学知识中。学生了解其中的变化规律和科学道理后，更加喜爱大自然，更愿意通过阅读与观察了解科学奥秘。在进行拓展阅读时，教师可以选定主题，课内拓展与课外拓展并举。以“水”为例，水是自然美景，杭州西湖碧波荡漾，庐山瀑布飞流直下，黄河长江奔涌不息，雪雹雨雾变化神奇。除去《我是什么》，教材中涉及水的课文还有很多，如《望庐山瀑布》《企鹅寄冰》《神州谣》等。鲜活灵动的插图、新颖有趣的知识、文质兼美的课文极大地激发了学生通过阅读进一步了解水、欣赏水、探究水的兴趣。由课内延伸到课外，马修斯的《水的故事》、申东卿的《水是从哪里来的》、谢武彰的《水会变哦》都是较佳的阅读素材。其中《水是从哪里来的》一书注重科学启蒙，文字浅显易懂，图文结合紧密，直观形象地将读者代入“水”的趣味之旅，尤其值得推荐给学生。

笔者认为，散文的人文教育功效在于炼情。“炼”作动词，在《现代汉语词典》中有三种解释：（1）用加热等办法使物质纯净或坚韧；（2）烧；（3）用心琢磨，使词句简洁优美。所谓“炼情”，就是琢磨字句以训练技能，欣赏文采以提升审美，反复读写以深化理解，开展实践以加热情感，使文心纯净、道心坚韧、文道合一、水乳交融。要追求散文阅读的如是效果，一是通过师生合作朗读，引导学生展开丰富的想象，与教师、文本、作者进行心灵对话。二是指导学生根据图书内容，谈谈个人看法。学生能对文本内容进行意义重构，产生自己的认识。三是学生不仅要读字的表面，还要看到字的背后；不仅要知道水是从哪里来的，还要思考科学家是怎么知道水是从哪里来的，“看到”科学家躬身伏案的背影、实地勘察的景象，在生活中不断体验、巩固发现与发明的乐趣，深刻意识到阅读的重要性。

童话激情，引人遐思；故事入情，品味悠长；诗歌唤情，抒情言志；散文炼情，情真意切。先激情，后入情，再唤情，终炼情。统编本教材的阅读拓展与情怀培养，重在一个“读”字，归于一个“情”字。“读”是课内阅读与课外阅读相结合，教师引读与学生自读相结合，不同文体与不同目标相结合。“情”是情趣、情感、情意，是“杯酒倾江海，尽钓有情书”的读书情怀。明代吴海在《送傅德谦还临川序》中有言：“读书有得，冥然感于中，心领神会，端坐若失。”到了这样的“忘情”境界，即是嚼出了读书的真滋味。

（本文发表于《内蒙古教育》综合版2019年第11期，有改动）

架起思维学朗读

“学习支架”是维果斯基社会文化学说中的一个概念，意为帮助学生学习的“脚手架”。番茄无架不长，丝瓜不扶则乱，学生在语文能力发展初期尤其需要稳当的支架，让思维在支架中获得支持、生长，从而攀缘而上，结出果实。这个无形的学习支架，就潜藏在教材的课后题中。课后题提示了这一语文学习的重要方法或者要求，如图文对照，读懂课文；对照图画，大胆猜测，从而理解部分字词句等。下面，笔者以统编本语文教材一年级上下两册为例，就“如何利用课后朗读题搭建学习支架，进行阅读教学”略作分析。

一、搭建语境支架，唤醒表达培语感

语言环境对学生阅读、理解和体会文本具有重要意义。搭建语境支架有利于唤醒学生表达欲望，激活学生言语经验，培养语感。在统编本语文教材一年级上下两册课后朗读题中，适合搭建语境支架的有图文朗读题目、对比朗读题目、识记朗读题目等。

图文朗读题目可以搭建图文型语境支架。一年级上册《小蜗牛》课后朗读题为“对照图画，读一读课文”。课文站在蜗牛的视角，生动呈现了春夏秋冬的自然变化。我们可以设计三种语境支架。一是观察以空行将课文划分成四个部分这一形式，引导学生感受课文鲜明的层次。二是借助连环画一样的插图进行图文对照，引导学生猜图识字、观图学文，自主阅读。三是根据课文段落结构相同的特点，进行语言整体训练，语言不断反复，情节不断复现，学生在训练中揣摩人物的语气，感受妈妈的温和亲切、小蜗牛的可爱天真，从而获得深层的朗读体验，唤醒表达的欲望。《动物王国开大会》等具有情节反复等特点的课文，均可搭建图文型语境支架。

对比朗读题目可以搭建对比型语境支架。一年级上册《秋天》的课后朗读题为“朗读课文，注意‘一’字的不同读音”。“一”的变调在一年级上册已经多次出现，如果仅仅对学生说明“一”的变调规律，一年级学生很难理解和应用。因此在借助这篇课文巩固读法时，可设计如下语境支架：一是让学生画出文中含有“一”的句子，自己读一读；二是通过观察注音发现音调变化现象，读准“一”的变调；三是设计对比朗读活动，将“排成‘一’字、一群大雁、一会儿、一片片”等词语按声调分组，在对比和重复朗读中感受变调的灵活性和韵律美，在一年级下册《树和喜鹊》中，我们可以进一步巩固这一知识点；四是在读准“一”的变调的基础上，引导学生发现秋色之美，体会作者之思，在朗读中自然流露对秋天的美好情感。与本课相似，一年级下册《小公鸡和小鸭子》课后朗读题为“读一读，比一比”，旨在通过朗读比较，让学生了解“偷偷地、飞快地”等词语的意思，体会词语的作用。笔者在搭建对比型语境支架后进行教学，学生充分体会到了“加上描述动作情状的词语使句子更加形象”①的作用。

识记朗读题目可以搭建识记型语境支架。一年级下册《吃水不忘挖井人》的课后题为“读一读，记一记”，题中呈现的六组词语，是根据本课六个要求会认的生字组词而来，旨在引导学生在朗读中识记和积累。搭建语境支架时，一是自主学习，能读会认；二是还词入句，加强理解；三是用词造句，尝试运用。做此要求（读一读，记一记）的课后朗读题在一年级上册只有《大小多少》1处，在一年级下册《我多想去看看》《一个接一个》等课文中共有13处。由此可见，一年级下学期的课文更加注重词语的朗读、积累与使用，更适合搭建识记型语境支架。

二、搭建程序支架，擘肌分理出思路

《西京赋》中有“剖析毫厘，擘肌分理”的说法，擘肌分理就是条分缕析，然后形成程序。程序是发展学习思维的一大工具，搭建程序支架可以给学生提供表达任务的思路。在处理课后朗读题时，我们要善用程序支架，程序提供的思路不断重复和强化，学生就会形成有效的思维习惯。程序支架按形式可以分为提示、图表、导向等，按功能可以分为明确任务层次、提供下位支撑等。

明确任务层次的程序支架。一年级下册《一个接一个》是一首儿童诗，内容贴近学生生活，教学重在引领学生在朗读中感受诗歌意境与童真童趣。课后朗读题为“朗读课文。想想你有没有和我相似的经历，和同学说一说”。我们可以搭建这样的程序

①人民教育出版社等.语文教师教学用书（一年级下册）[M].北京：人民教育出版社，2018.

支架：读一读、想一想、说一说、品一品”。“读一读”是读好每一句中前后三句话的感情变化。朗读指导结合内容理解，通过讲、扶、放之方法，读出前、中、后之变化。朗读句子，画出表情，引导学生发现每一节中“我”的情绪都由高兴转为低落，由低落转为期盼，感受生活情趣，读出诗句意趣。“想一想”即想一想自己的相似经历，通过对接生活，激活学生的情感体验，唤醒表达冲动。“说一说”主要引导学生互问互答，感受彼此的好奇，是对“想一想”的表达和深化。“品一品”环节可引用本文作者金子美玲（日本童谣诗人）的另一首作品《全都喜欢》：“我好想喜欢啊，这个那个所有的东西。比如葱，还有西红柿，还有鱼……”[①]以此进一步加深儿童诗津津有味的朗读体验，感受儿童诗饱含童真童趣的语言特色，深化儿童诗韵律优美、结构典范的文体特色。

提供下位支撑的程序支架。一年级下册《动物王国开大会》课后题为“分角色朗读课文”。这个要求概括性很强，没有详细说明。如何分角色，如何朗读，重点训练什么，实现什么效果？学生对此缺乏清晰的思路。

笔者分析，本课阅读教学有以下目标：一是读出不同角色说话的语气；二是读出疑问句和祈使句的语气；三是渗透“根据课文信息进行简单推断”[②]的能力训练，使学生形成信息完整性的意识。基于上述目标，我们搭建一个程序支架，为题目要求提供下位支撑。第一是分角色。引导学生分清角色，发现角色对话，体会角色心理。狐狸、狗熊、大灰狼、梅花鹿等角色形象不同，各有特点；“梅花鹿和狗熊的对话”“大灰狼和狗熊的对话”“狐狸和狗熊的对话”内容不同，语气相似；这些都是“分角色”过程中的重点指导内容。第二是朗读。首先要读好角色的对话。课文篇幅较长，角色对话较多，教师要指导学生借助图片（人物表情或动作）、标点（感叹号或问号）、提示语等来发现要点，体会心情，读出不同角色和不同句型的语气。如课文第18自然段旁的小泡泡提示语：“看来，把时间、地点说清楚很重要！”这就是阅读能力训练点之一，教师要善察善用。其次是补好对话的“留白”。狗熊每一次发布通知都有对话“留白”之处，教师要引导学生联系上下文推断“留白”话语，建立信息完整性意识。比如，第1自然段中老虎派狗熊去发布通知，会怎样说？又如，要补白第11自然段“于是又去问老虎”的问话内容，学生就要练习第10自然段，狗熊会这样问老虎：“在明天什么时候开？上午还是下午？几点钟开？”这样一来，学生就在言

①金子美玲.全部都喜欢[M].吴菲，译.杭州：浙江文艺出版社，2017.

②人民教育出版社等.语文教师教学用书（一年级下册）[M].北京：人民教育出版社，2018.

语表达中进行了“根据课文信息进行简单推断”的思维训练。

三、搭建策略支架，提示方法练技能

策略是阅读教学的关键因素。搭建和运用策略支架，能够为学生提供清晰明确、行之有效的阅读方法，使学生先利其器，再善其事，从而更好地获取朗读体验、进行技能训练。

复合型策略支架。一年级下册《树和喜鹊》主线鲜明，脉络清晰，在树和喜鹊由单个变成一群的过程中，凸显了树与喜鹊心情的变化。课后朗读题为“朗读课文。想一想树和喜鹊后来为什么很快乐”，是对文章内容和情感的探索，也是对“找出文中明显信息，根据信息做出判断”[①]的能力训练。本课采用复合策略支架，内容为想象画面、创设情境、体会心理。先朗读第1、2自然段，想象“一棵树、一个鸟窝、一只喜鹊”是多么孤单的景象；再朗读第3、4自然段，在整齐的语言和鲜明的节奏中感受“每棵树上都有鸟窝，每个鸟窝里都有喜鹊”的景象之变和情感之迁；接着朗读第5、6自然段，创设情境，让学生化身喜鹊，“身临其境”。晨曦初照时群鹊问好，叽叽喳喳；暮光降临时共聊收获，热热闹闹，一派和谐、热闹的景象。学生随着课文情感起伏而有所感悟，体会到了“叽叽喳喳”，感受到了“热热闹闹”，读出了 “快快乐乐”。

单一型策略支架。一年级下册《端午粽》课后朗读题为“朗读课文，注意读好长句子”。我们提供策略支架时以“内容分解法”为主，引导学生分解长句，理解句意，再进行朗读和巩固。如第2自然段中：“粽子是用青青的箬竹叶包的，里面裹着白白的糯米，中间有一颗红红的枣。”长句从外到内，说明了粽子的三个特点。第一，先读再想：这句话提到粽子的什么特点？（粽叶外包，裹有糯米，中间是枣）第二，这些事物是怎样的？（箬竹叶青青的、糯米白白的、枣红红的）第三，抓住“中间、里面”等方位词和停顿符号，读出描写顺序，读好长句、重音，从而训练长句朗读能力。

一年级下册《彩虹》情真趣浓，问答巧妙，展现了一个烂漫纯真的梦想世界，表达了儿童关心家人的真挚感情，课后朗读题同样是“朗读课文，注意读好长句子”。根据本题搭建策略支架时，也可重点采用内容分解法。如“如果我把它挂在彩虹桥

①人民教育出版社等.语文教师教学用书（一年级下册）[M].北京：人民教育出版社，2018.

上，坐着秋千荡来荡去，花裙子飘啊飘的，不就成了一朵彩云吗”一句，抓住其中“挂在、坐着、荡来荡去、飘啊飘”四个连续动作，通过反复朗读感知动作的先后顺序，发现“不就成了一朵彩云吗”的意思，从而加深理解。

统编本教材中的一些课后朗读题对朗读提出了更细化的要求，这有利于我们利用题目搭建学习支架，进行阅读教学，实现学习目标。需要注意的是，语境支架提供语境支持，程序支架提供过程指南，策略支架提供方法选择，不同支架有不同用途，搭建学习支架时不必拘泥于支架类型或支架数量。“交流四水抱城斜，散作千溪遍万家。深处种菱浅种稻，不深不浅种荷花。”（阮元《吴兴杂诗》）搭建学习支架只要基于学生和教师实际情况，因“地”制宜，就“势”而为，让菱角归潭，稻入浅水，荷花亭亭净植水中央，做到科学有效，就能顺利达成课后朗读题的教学目标，促进学生的阅读学习和言语智能开发。

（本文发表于《小学语文教学》2018年第10期，有改动）

用整本书映照更完整的儿童心灵世界

整本书阅读教学要依据语文要素“精准”确定目标、选择文本内容吗？其实不必。一位青年教师（下文称之为“执教者”）在班里推进《一百条裙子》的整本书阅读，并预备讲一节公开课，课前与笔者讨论该课整本书阅读教学教什么、怎么教的问题，这次讨论引发了笔者的一些思考。下面以《一百条裙子》整本书阅读教学为例，说明笔者对整本书阅读教学的看法：要从语文要素构成的能力体系走向科学未能穷尽的人文之元，在整本书阅读中映照更完整的儿童心灵世界。

一、认识整本书阅读教学的人文之元

执教者提出，是否要结合该年级学生的应学语文要素，挖掘这本书的适宜内容，在整本书阅读教学中深化对某些语文要素的培养。这种教学思维在当前比较流行，受到许多教师推崇，能做到也殊为不易。近三年来，随着统编本教材的逐步使用，语文要素与人文主题的双线编排理念深入人心，尤其是统编本教材对语文要素的呈现、对能力体系的梳理，使语文教师在探求“科学地教学”的道路上寻见光明，找到方向，有了抓手。

双线组元的另一“元”——蕴含着审美提升、德育渗透和思想培育的人文之元，由于描述目标难以精准、落实过程不易外显、评价效果缺乏量化，被很多教师置于语言建构与运用的目标之后甚至之下，而非同步或之上，甚至出现了一些唯语言建构是用的观点，认为语言建构是语文学科的核心，将语文的人文性当作了附属之物，弱化了语文教育的价值。在这里，我们首先要确定，语言建构与运用是基础，时刻伴随着它的人文之元是更为广阔的语文天地。正因如此，我们在设定语文课教学目标时必须遵循顺向思维，根据学情特点和文本特色解读文本、量定目标，而不是从狭隘的工具论出发，死守语文要素这把尺子。在进行整本书阅读教学时，更应该在遵循学生自然阅读规律的基础上，设计适切的教学方案，而非为整本书阅读教学画地为牢。与其如此，不如无为。

语文教材中的课文，无论是一首儿歌、一组诗、一篇散文、一篇微型小说，还是一个短篇故事、一个戏剧片段、一个名著节选、一组非连续文本，都存在语文要素的编排设计。文本被选入教材时，在思想内容或者语言形式方面往往有改动。对于作为原著的整本书，其作者在创作时主要考虑平衡自己的思想表达需要与读者的阅读需求。文学著作兼具文学性、思想性、艺术性、语言性，尤以前两者为重。相较于教材中的课文，一本书在人物的真实性与立体性、情节的逻辑性与丰富性、思想的深刻性与批判性等方面，均非课文能比。那些适合儿童阅读的优秀著作，之所以吸引儿童，就在于它的思想是儿童的思想、它的人物是儿童的倒影，它的诉求是儿童的诉求、它的人文关怀洒向了每一个儿童读者；而不在于它究竟蕴含多少可以让语文学科进行工具式讲解训练的元素。当我们要进行整本书阅读教学时，就要做好这样一种准备：在整本书阅读里映照更完整的儿童心灵世界，从而让儿童更加了解自己，让教师更加看清儿童，让儿童得到语言学习、文学享受、精神滋养等多重收获。

二、开发整本书阅读教学的人文之元

一些教师在确定教学目标、实施教学过程时，如果仅围绕阅读兴趣、某一种阅读方法、某一个写作手法展开，就降低了整本书的语文教育价值。怎样让整本书阅读教学映照更完整的儿童心灵世界？这需要我们从素材（整本书）出发，向着学生的需求挺进；而不是从语文能力体系出发，向着素材“精准”开采。

（一）舍弃逆向思维，回归顺向思维的目标设计

在设计教学目标时，逆向思维便捷，顺向思维复杂，一些教师习惯于使用前者。逆向思维下的设计过程一般表现为：确定语文要素（教学目标重点）—对应教材内容—依据内容设计教学流程；顺向思维下的设计过程一般表现为：自主研读—借鉴资料—学情分析—精选内容—预设目标—实施教学。采用逆向思维进行设计，文本的独特性、教师的独特性、学生的独特性、情境的独特性全部陷入“科学”之坑，教学时坐井观天，所教所学都有限。采用顺向思维进行设计，则会创造更深刻的教学目标、更开阔的教学空间、更适宜的教学内容。以《一百条裙子》教学为例，执教者目标如下：第一，初步学习抓关键句了解人物的方法，运用移情策略感受故事情境，体会人物情感；第二，激发学生通过读书了解故事角色、结识书中好友的兴趣；第三，感悟

本书“尊重”“梦想”等主题。这一目标设计是从三年级上册语文要素（抓关键句理解一段话、了解一个人）出发，有意衔接《一百条裙子》的阅读教学。目标的制定虽然很有来由，却又仿佛一座没有根基的“飞来峰”，因为它的制定并没有基于文本研读。

制定小学生整本书阅读教学目标，首先要考虑文学体裁。这样说原因有二。第一，小学生对文学体裁的认识不全，很多体裁都是“初次相识”或者“点头之交”，教师要让学生在整本书阅读过程中认识体裁，逐步形成体裁意识。第二，文学著作的关键价值往往蕴含于体裁特点中，考虑一本书的文学体裁，有利于我们发掘其关键价值。针对三年级学生进行《一百条裙子》阅读教学就更要考虑体裁，因为三年级学生的阅读对象以童话、传说、生活等类型的故事为主，很少接触小说，而本书正是一本小说。故事的关键是情节，小说的核心是人物，要引导学生在对比中发现新体裁，在新体裁中感受新的人物形象。一本书中人物形象之丰满、立体、深刻，也往往超出微型小说、小小说，教学价值尤高。

其次要考虑写作特色。一个作者有一个作者的写作风格，作者的每一本书也有不同的写作特色。抓住和领会写作特色，我们才能更好地深入文本内容，触及作者思想。《一百条裙子》最大的写作特色莫过于其人物描写手法——侧面描写。虽然小说主角是旺达·佩特罗斯，但作者几乎没有让她与读者正面接触。作者在对玛蒂埃细腻的心理描述中，逐渐丰实着旺达的形象。读者透过玛蒂埃“关切”的目光，在她微妙的心路历程中，“见”到了一个真实的旺达：孤独而倔强，聪明而大度，身处贫困而憧憬美好。

最后要考虑思想价值。一些教师在进行课文阅读教学和整本书阅读教学时，习惯“指定”给学生一个思想，或者引导学生往一个方向“理解”，束缚了学生思维的灵活性、深刻性与批判性。笔者在此提醒：语文教育的深处是深邃、自由的思想，不是浅狭、困守的意识。语文教师首先要解放思想，甚至大胆试错。执教者认为《一百条裙子》的思想主要是“尊重”与“梦想”，其实这是窄化与片面的理解。这本书不但有对真善美的呼唤，还有对假丑恶的批判；不但有对主要人物的情感关怀，还有对现实世界的理性思考；不但有对“一百条裙子”的合理解释，还有对“一百幅画作”的深刻寄寓。当学生在阅读后获得各自的感悟时，我们不能把他们领向“尊重”与“梦想”的单行道，而是要帮助他们深化思考，百家争鸣。

基于以上考虑，笔者将教学目标重新设定为：第一，发现和学习本书侧面描写人物的写作方法；第二，初步学会运用对比策略理解人物形象的方法；第三，感悟“一百条裙子”的多元内涵，能联系生活发表自己的看法。

（二）舍弃朗读训练，回归真实探究的板块设计

即使制定了合理的目标，仍有教师把整本书阅读教学上成一节“不越雷池半步”的标准朗读训练课。伴随着反复的朗读训练、动人的图文配乐和精心设计的师生问答，学生有熟读而无精思，止步于一本书的浅表和部分，无法触及思想深处，形成全书视野。造成这一现象的主要原因是教师不敢放开手脚让学生自己去达成学习目标，只是一味地收拢缰绳，便于把控，以防课堂发生自己无法应变的“意外”，一定程度上把教育学当成了制造业，以流水线生产僵化思维。《一百条裙子》执教者的原教学流程表现为：课前填表（回答问题：你认识了一个怎样的旺达？你从哪些句子里读出来的？）—感受旺达的孤独—感受恶作剧的残酷与伤害—感受玛蒂埃的愧疚与后悔。处处设限，层层强推，学生阅读指定内容，感受指定情境，课堂没有生成的余地，学生缺少探索的空间。

一本书的思想有厚度，情感有温度，深入“厚重”，浸泽“温润”，比落实单篇课文教学就能完成的语言训练更重要。这就需要教师精心设计教学板块，引导学生真实探究，像从事一项工作一样对待整本书阅读。笔者将本课教学流程调整为：侧面描写识旺达—创境生情怜旺达—反复对比议旺达。以主要人物旺达为针线，穿活思维，引动情感，编织读者、作者、书中人融为一体的教学情境。

板块一：侧面描写识旺达。执教者设计课前填表，意在引导学生对旺达形成初步印象，再通过第一个活动——“感受旺达的孤独”进一步了解旺达。笔者将执教者的两个小设计融合改进为“侧面描写识旺达”。一方面，利用执教者的表格，引导学生总结旺达的人物形象，同时锻炼信息提取能力。另一方面，引导学生在填文说句的过程中发现所摘文句均属侧面描写，从而发现本书的写作特色，进而依据学生所列出的句子，（学生）探索和（教师）归纳几种侧面描写的常用方法，进行口头练习；或者由教师创编该部分的正面描写，正侧描写进行对比，从而让学生感受侧面描写的好处。这样一来，学生在探究写作密码、熟悉作者写作风格的同时，加深了对旺达这一形象的体会，迅速拉近与书中人物的距离。

板块二：创境生情怜旺达。执教者设计的第二个活动是感受恶作剧的残酷与伤害，其实已经脱离了小说的人物主线，偏离为情节主线。笔者将其拉回人物主线。首

先，教师设计引读问题，让学生入境：一句话惹来大麻烦，从此被人当笑柄，旺达到底说了什么？说这话的前因后果是什么？旺达后悔说这话了吗？通过追问引导学生从全书关键句出发，梳理本书内容，依据文本谈观点。其次，引导学生根据文本编剧本，演一演感兴趣的几幕场景，如被嘲笑的场景、看到一百幅画的场景，鼓励学生创造性发挥，增加语言、动作、表情等元素，让学生境中生情。最后，引导学生联系个人经历或见闻，说一说生活中的类似人物、事件或环境，并提出看法或建议，做到情、境交融，心有所感而言有所发。这一板块的设计，使学生由“识”到“怜”，从感知形象到体会情感。

板块三：反复对比议旺达。执教者设计的第三个活动是“感受玛蒂埃的愧疚与后悔”，这一设计脱离了小说的主人公，将关注点转移到次要人物玛蒂埃身上。执教者设计的主要问题（旺达转学后给大家来信了，如果你是那些学生，请你写一封回信）看似开放，其实已经“画地为牢”。为什么一定要给旺达写封信呢？给旺达“打个电话、发条短信”行不行？给老师或者其他人写信行不行？更要紧的是问题来得太仓促，学生还没有到达水到渠成、瓜熟蒂落的表达状态。

笔者将此版块调整为“反复对比议旺达”。学生一边学习对比阅读策略，一边深化对人物的理解，促进学生境中识人，镜中观己，身临其境，动心移情。这里的对比是一个基于文本理解、贯穿思维训练、显于语言运用的过程，注重引导学生在不同情境中对比相同人物，在相同情境中对比不同人物，同中求异，异中求同。具体问题情境如下：（1）“一百条裙子”真的是裙子吗？既然不是，那么旺达的确是在撒谎，难道同学们批评的不对吗？（2）如果这一百幅画作没有获奖，那些人还会感到后悔吗？（3）当同学们看到一百条裙子原来仅仅是一百幅画，即便那些画上有他们的样子，他们会不会有一种被愚弄的感觉？（4）书中的旺达转学了，可我们同学中还有一些像旺达这样遭受冷暴力的人，如果这些“旺达”和书中的旺达都无法转学，又该怎么办呢？（5）你是可怜的、内向的、自卑的、贫穷的旺达，还是优秀的、美丽的、骄傲的、薄情的佩琪，还是其他人物？在读这本书之前，你愿意做佩琪还是旺达？读这本书之后，又愿意做佩琪还是旺达呢？（6）你也许在某一次事件中做过旺达，在某一天当过佩琪，在某一回扮演过有心无力、自顾不暇的玛蒂埃，你骄傲过吗？后悔过吗？现在有什么想法？（7）在三年级上册《掌声》里，自卑、可怜的英子因为一次掌声改变心态，勇敢面对生活，而旺达最终的结局是逃避、转学、重新开始，哪个更符合现实呢？（8）老师似乎也不关心受到嘲讽的旺达，让她坐在角落，如果你是老师，你会怎么想，以后又打算怎样做呢？引导学生在讨论、交流与反思这些问题的基础上，水到渠成地做一次书面表达：你想对旺达、佩琪、玛蒂埃、老师或者其他人说点什么呢？把它写下来。这样基于语言训练、经历思维之旅、联系文本与生活的写作，才是抒发真情实感、促进读写结合的写作。

整本书阅读教学贵在一个“整”字。言语学习，从完整的认识到完整的能力；情感经历，从完整的场域到完整的生活；道德渗透，从完整的人物到完整的思想。我们要在整本书阅读里映照更完整的儿童心灵世界，让阅读习惯成就生命质量。

聊出语文的生命力

推门上课，执笔而教；鞠躬谢幕，小结而退。一堂目标精准、结构完整、策略得当、教学相长、特色突出的语文课，教学语言干净利落，惜字如金，并无一丝与目标无关的题外话或者以讲为主的嫌疑。如此效果，可谓公开课的典范，更体现出一名语文教师精深修炼的工匠作风。不过，笔者认为这样的语文课能把学生教好，却未必能让语文融入学生的生命，未必能让学生通过语文亲其师、得其道。语文教师要多和学生聊一聊语文，多说一些题外话，由外而内，在聊天的过程中彼此渗透，才能让语文扎根于学生的生命，生长出核心素养；才能让学生寄托于语文生活之中，在“吾生也有涯”中追寻语文奥秘，开拓语文“无涯”之美。

一、聊语文，有趣

语文教材中大量的课文，都是经典的故事或与故事有关的内容。有的因故事而创作，有的在故事中发生，有的被故事传承。教师要多和学生聊一聊这些故事，从故事中渗透语文的趣味，丰富语文的内涵，增加学生的文学底蕴。

唐朝诗人贾岛骑驴作诗，沉思“僧推月下门”与“僧敲月下门”的优劣，误闯韩愈车队。韩愈不以为怪，反与贾岛一同“推敲”，结为布衣诗友。三年级学生聆听故事后，见识了遣词造句的功夫，感受了推敲琢磨的精神，更领略了语文学习与文学创作的浓厚趣味，原本有些难度的拓展诗歌《题李凝幽居》被学生演绎成了故事，配合诗歌吟诵，得以尽情表达。

统编本教材二年级上册《十二月花名歌》重在让学生基于朗读，了解十二月的花事。根据学情来看，学生对此兴趣不高。笔者在教学之初便与学生聊《催花诗》的故事。一代女皇武则天在寒冬腊月游览上苑，看到蜡梅绽放，心情愉悦，于是作诗下令：“明朝游上苑，火速报春知。花须连夜发，莫待晓风吹。”①次日春光陡现，百花

①李汝珍.镜花缘[M].南京：译林出版社，2018.

齐放，万紫千红，映雪傲寒，多么具有传奇趣味！武则天见百花听令，只有牡丹抗命不从，于是命人将牡丹枝干烧至炭黑，“罢黜”洛阳。故事中提到的蜡梅、牡丹均与课文相应，使学生自然联想到“腊月寒梅斗冰霜”“四月牡丹国色香”等相关语句，进而关注花儿的开放时节与特点——牡丹抗命不遵，坚持在四月开放，曾遭女皇烤炙，怪不得枝干焦黑！由一句而多句，由一花而多花，学生从而感受到了大自然的奇妙，更在聆听、解读、对比和朗读中发掘出了诗歌的趣味。聊语文，趣在思维发展与提升。

二、聊语文，有功

语文课程的基本特点是工具性和人文性的统一，统一在语文要素中，分散在课程内容中，生长在课堂实践中。教材的内容是有限的，但语文的内容是无限的，我们要从实际生活和经典著作中撷取更多的内容，通过聊一聊的方式串联起课内语文和课外语文，融合起理解、积累和建构、运用。

学生与笔者闲聊时提起周末的县城赶会，谈兴甚浓，争相讲述赶会时的所见所闻，只是缺乏条理。笔者联想到刚刚教学的《葡萄沟》一课，课后第三题旨在引导学生学习仿写。例句提供了两种仿写思路。一种是用“有……”的句式列举事物，将特点写具体；一种是用归纳的方式，总结事物的特点。当时多数学生完成了填空，但理解不够深刻，运用不够熟练。意识到此次聊天正是对该题迁移运用的佳机，笔者有意引导学生用两种仿写思路聊聊所见所闻。学生借用第一种仿写思路，聊得更具体了：“有卖糖葫芦的，有烤羊肉串的，有当街耍杂技的，有抱着孩子看热闹的。”借用第二种仿写思路，聊得更简明了：“街上的人真多，热闹极了！”“娱乐项目真丰富，我还想去玩！”在这一次聊天中，学生不但快乐而有条理地表达了所见所闻，迁移运用了“写具体”与“写简明”两种方法，更与语文教师完成了一次和谐的情感交流。

教学叶圣陶的《瀑布》。有一位学生在课下问笔者：“老师，叶圣陶笔下的瀑布和《望庐山瀑布》中的瀑布是一座瀑布吗？”此问题与语文的关系不大，于是笔者引导学生思维转弯：“我不清楚是不是一座瀑布，但我知道他们笔下的瀑布有一个共同点。”学生说，那就是美。由此，师生自然而然展开了一场关于瀑布之美的聊天。李白观察的庐山瀑布是这样的：“日照香炉生紫烟，遥看瀑布挂前川。飞流直下三千尺，疑是银河落九天。”学生们游览时亲见的瀑布是这样的：“瀑布很响、很凉爽啊！瀑布落到石头上，激起的水珠打到我们脸上，凉丝丝的。”笔者又即兴援引《西游记》中关于花果山瀑布的描写：“众猴一齐跑来，见到一股瀑布飞泉。但见一派白虹起，千寻雪浪飞……海风吹不断，江月照还依。众猴拍手称赞道‘好水，好水！’”[①]再品读叶圣陶笔下的瀑布：“还没看见瀑布，先听见瀑布的声音，好像叠叠的浪涌上岸滩，又像阵阵的风吹过松林。山路忽然一转，啊……”师生边聊边诵，有思有“鸣”，不仅更加留心生活，发现了大自然的神奇美妙与无私馈赠，更深切地感受到诗文语言的生动，无意间积累了喜欢的语句，落实了本单元的语文要素。聊语文，功在语言建构与运用。

三、聊语文，有志

语文课程丰富的人文内涵对学生精神世界的影响是广泛而深刻的，对学生的语文志向影响尤深。“语文志向”在这里是指基于语文兴趣和语言运用，在语文活动中产生的志向。

一年级学生在学习《咏鹅》一诗时，为诗歌浅易的语言、传神的描写所打动。笔者便与学生聊起了骆宾王七岁作诗的故事，对儿时的骆宾王大加称赞。学生听后，不由激起与骆宾王比赛写诗的欲望。一名学生写道：“驴驴驴，低头吃青草。眼睛转一转，尾巴扫一扫。”一名学生巧借以往聊天中提到的泰戈尔诗句，写道：“鸟儿愿为一朵云，云儿愿为一只鸟。云儿变鸟乐逍遥，鸟儿变云轻飘飘。”若非一时闲聊，何来传神妙句？这就是聊出来的写作欲望。

《坐井观天》是一则寓言故事，揭示了站得高才能看得全的道理，讽刺了目光短浅、见识狭窄的人。教学将至尾声时，师生从青蛙的可怜，聊到了青蛙该怎样出井。学生意识到：我们何尝不是那一只坐井观天的青蛙，盲目自满，不知天地之大？由此又从青蛙出井，聊到了我们“出井”，聊出了很多值得深思的感受：努力学习和攀登，就能出“井”；优秀的人拉我们一把，可以出“井”；既然跳不出去，就待在“井”底用功，打通了江河的通道，也可以出“井”。笔者被学生以“井”喻境的说法和蕴含哲理的话语打动，又与学生从《坐井观天》聊到了《逍遥游》，从井底之蛙聊到了“绝云气、负青天”的大鹏。两文同出于《庄子》，一者诙谐，一者恣肆；一者小气，一者大志。学生震撼于二者鲜明的对比和大鹏磅礴的志气，不由为之感慨。

①吴承恩.西游记[M].杭州：浙江文艺出版社，1999.

笔者继续引用唐代骆宾王《答员半千书》说道："庄子逝去一千多年后，大家熟悉的骆宾王才出世。他读到庄子的《逍遥游》，也和大家一样惊叹，写下了'化羽垂天，抟风九万，振鳞横海，击水三千'[①]的豪壮之语。"学生们为之欢欣鼓舞，心潮澎湃，随即各抒己见。在这次聊天中，学生不仅熟悉了庄子的文风、寓言的特点，更初步提升了文言文的审美能力，在感知与讨论中树立了鹏程万里的志向，传承了中华民族的优秀传统文化。聊语文，志在审美鉴赏与创造，志在文化理解与传承。

语文好比一片汪洋，小学语文教师是一只小船，学生是一群搭船的乘客，聊得痛快才"驶得进去"。聊好了，"欸乃一声山水绿"；"进去"了，"此日中流自在行"。从《在牛肚子里旅行》聊到法布尔的《昆虫记》；从《植物妈妈有办法》聊到《一粒种子的旅行》；从"早起勤耕作，归来戴月光"聊到"晨兴理荒秽，带月荷锄归"；从"秋季里，稻上场"聊到"鹅湖山下稻粱肥，豚栅鸡栖半掩扉"；从《寒号鸟》聊到《南村辍耕录》；从《狐狸分奶酪》聊到匈牙利民间故事；从"一片冰心在玉壶"的喁喁自白聊到"位卑未敢忘忧国"的家国情怀；从"让他三尺又何妨"的荡荡胸襟聊到"万国衣冠拜冕旒"的煌煌气象……不论从教师的哪句无意之言聊起，从学生的哪句好奇发问开始，都有可能揭开神秘的面纱，一睹语文的渊薮，超脱知识的范畴，融入语文的生活。"创造的神秘，有如夜间的黑暗，是伟大的。而知识的幻影，不过如晨间之雾。"[②]多和学生聊语文，就是要聊出思维发展与提升的效果，聊出语言建构与运用的实践，聊出文化理解与传承的通道，聊出审美鉴赏与创造的素养。

笔者至今犹记30年前，自己的小学语文老师在评价习作时，与我们聊起了诺贝尔文学奖。她感慨地说，那是最了不起的文学荣誉，鲁迅没有得到，沈从文没有得到，老舍也没有得到。我多么盼望在我的学生中，将来有一个人能获得诺奖。一次简单的聊天，种下了笔者的语文梦，30年来为之笔耕不辍。诺奖虽无缘，但梦想已悄然实现。作为一名小学语文教师，笔者将继续与学生聊语文，聊出语文的生命力，聊进学生的生命里。

【后记】

教师与学生的"聊"不局限于口头交流，"聊"的对象不仅仅是阅读书目、文章。我们还可以通过文字来"聊"，还可以聊一聊各自的作品，通过笔端表达真情

①骆宾王.骆宾王文集[M].上海：上海古籍出版社，2017.

②泰戈尔.飞鸟集[M].郑振铎，译.北京：中国文史出版社，2014.

实意。例如，学生常常记录一些关于菜园劳动的日记、习作，笔者常为他们写则短小的题记，或者在文后谈一两句感同身受的心语。这算不得评语，而是一种书面的“聊”。这些文章编成《菜园集》“出版”后，笔者还为其写了一篇序言，这也是一种教师个体对学生群体的“聊”，学生读教师的序言，教师读学生的大作，“聊”得很真实，也很愉快。

下面，附上这篇“聊”出的序言。

在菜园

——写给同学们的话

同学们，我们中国自古就有“耕读传家”的说法。“耕”是为了谋生，“读”是为了做人。积极劳动可以自力更生，努力读书可以修身养性。三小的菜园是一片宝贵的种植基地，在这里，我们从事了很多劳动，学习了不少技能，有幸读到了“更大的书”。

人天生亲近土地，热爱自然，每次到菜园中游玩，即使什么都不做，只是静静地散步，那绿油油的风景也令人心旷神怡，忘却烦恼。春天的蝴蝶在油菜花间翩翩起舞，夏天的蜜蜂在秋葵枝头流连忘返，秋天的蟋蟀在扁豆架下高声歌唱，冬天的大白菜在地窖里沉入梦乡。我们和蝴蝶、蜜蜂一起采集春光，为小蟋蟀的歌声伴舞。在菜园里，我们好像荷叶上活泼的水珠，滴溜溜地转动着。“儿童急走追黄蝶，飞入菜花无处寻”，菜园的趣味，是自然的趣味。

菜园那样美好，令人忍不住要赞美它。每次来到这里，总想说几句话，唱几支歌，吟几首诗。劳动时，我们想起“锄禾日当午，汗滴禾下土”。杏花开放时，我们想起“万树江边杏，新开一夜风。满园深浅色，照在绿波中”。秋天收获时，我们齐诵“鹅湖山下稻粱肥，豚栅鸡栖半掩扉”。漫步田园时，我们探讨《四时田园杂兴》的“梅子金黄杏子肥，麦花雪白菜花稀”“昼出耘田夜绩麻，村庄儿女各当家”；《乡村四月》的“绿遍山原白满川，子规声里雨如烟”。记得有一次，我们还专门品读了《归园田居》的“道狭草木长，夕露沾我衣。衣沾不足惜，但使愿无违”；也曾提过《公子家》的“种花满西园，花发青楼道。 花下一禾生，去之为恶草”。菜园的诗意，是诗人的心意。

菜园不仅有趣味，有诗意，还有劳动意义。劳动让人流下汗水，也让人感到充实。农业在中国有悠久的历史。古时候，绝大多数人靠种地吃饭。今天，中国仍然有几亿农村人口。我们在三小菜园中拔草，锄地，翻地，种植，施肥，收割，广大农民朋友也在中华大地上做着同样的劳动。不同的是，我们从劳动中获得亲近土地的体验和敬畏自然的情感，他们在劳动中追寻勤劳致富的梦想和踏实朴素的生活。我们从事菜园劳动，不断感受美好的田园生活，在“开轩面场圃，把酒话桑麻”里体会诗情，同时不断关注农民、农村和农业的现实问题，树立为中国之农民读书的理想，将来长大了，能为农业发展做贡献。我曾经多次跟大家讲过，我国的农民实在是太苦了！几千年来，农民备受剥削和压迫；遇到战争，他们四处避难，缺衣少粮。新中国成立后，农民的生活不断改善，终于过上了好日子。

你们在菜园劳动，就是要时时刻刻想着农民。从小就要有农业情怀，永远不能忘记农民，不能忘记土地。长大以后，你们的理想应是在创造个人幸福的同时，关怀和照顾农民，发展农业，保护农村，让美好的农耕文化传承下去，让广大的农民群众幸福起来。农民富则中国富，少年强则中国强。只要你们这些优秀少年从小怀有为农民着想的理想，将来就可能成为王安石、范仲淹那样忧国忧民、为国为民、利国利民的栋梁之材。这就是菜园的劳动意义，也正是我的期盼。我们教室的力学榜上有一首刘过的劝学诗——《书院》：“力学如力耕，勤惰尔自知。但使书种多，会有岁稔时。”祝愿大家力耕有所得，力学有所获，力学如力耕，各自有提升。

帮小学生选好外国名著译本

无论是统编本教材还是人教版、苏教版等版本的语文教材，都比较重视名著导读。文学名著具有较高的艺术价值和思想价值，阅读文学名著有利于获取知识、丰富阅历、滋养心灵、陶冶情操、提升读写能力，发展小学生语文核心素养。不过，文学名著遍及古今中外，有相当一部分是外国名著。笔者经过调查发现，很多小学生在阅读外国名著译本时遭遇困境，影响了对原著的吸收程度。学生反映，阅读外国名著译本时“读不懂”“没意思”“不习惯”，不如《米小圈上学记》这一类图书“好读”“好玩”。造成这一现象，除了名著本身具有阅读深度，更为关键的是教师在名著推荐和导读时忽视了外国名著译本的选择。

小学语文教师在向学生推荐外国名著阅读书目时，一般只关注书名、作者等信息，认为学生知道书名就能够按名索骥，知道作者就能够避免重名作品，其实不然。外国名著涉及语种甚多，有的是英语、法语，有的是日语、德语，在小学生没有能力阅读外语原文的情况下，教师帮助学生选择优质译本至关重要。优质译本往往能够传原著之神，使阅读者更接近原著。质量一般的译本可读性相对较差，有的还会损伤原著的价值。

一、外国名著译本存在的问题

一部外国名著在我国少则有几种译本，多则几十种译本。译本形形色色，良莠不齐，存在很多问题。

一是中文首译本存在的问题。有的名著中文首译本基本为文字“直译”，缺乏润色，读来晦涩。有的中文首译本出版时间较早，翻译者保留着文言文的写作习惯，译本呈现明显的文言文特征或者早期白话文风格，不符合如今小学生的语言习惯。

二是创造性译本存在的问题。评价翻译作品有一句十分恰当而通俗的话：最好的翻译就是“不翻译”，大意就是要得其神而忘其形。翻译者进行的创造，并非要融入译者个性化的理解，进行二次创作甚至改写，这种创造性翻译仅限于在语言转换的过程中删补、更替直译所不能很好表达的部分，使作品在文辞发生变化的情况下依然尊重和契合原著的表达效果和思想价值。以泰戈尔《飞鸟集》中一句话的翻译为例。郑振铎译本为“夜与逝去的日子接吻，轻轻地在他耳旁说道：‘我是死，是你的母亲。我就要给你以新的生命。’”[①]冯唐译本为“白日将尽，夜晚呢喃：‘我是死啊，我是你妈，我会给你新生哒。’”[②]前者平实质朴，深沉睿智，与原著精神一脉相承；后者过度追求个性表达，看似简练直白、新颖入时的“创造”行为已经破坏了原著的意蕴。

三是市场中劣质译本的问题。很多出版机构为了降低成本，规避版权问题，对名著译本进行“改版权”操作。所谓“改版权”，就是找人对进入公版权领域的外国名著的已有中文译本进行删减、节选、拼凑改写，从而“创造”一个“崭新的译本”，有时以译者冠名，有时称为“课标推荐版”“精简版”“精华版”或者“青少年版”等。经过多年的市场化运营，这类译本充斥着图书市场，占据了学生书架甚至各级各类图书馆书架。其完成时间慢则一个月，快则一二十天，编者制作粗糙，译者水平低劣，编译者皆为利来，出版商皆为利往，宣传力量大，销售渠道广，对广大师生造成颇多误导。

四是转译本问题。有一些外国名著译本并非是从原文语种到中文的直接翻译，而是经过了多种语言文字的转译。如法布尔的《昆虫记》，市面上流传的多数译本都是先由法语译为英语，再由英语译为中文。经过多重语言转换后，这些转译本难免与原著语言“越走越远”，掺杂的翻译者的个性创造越来越多，常使阅读者雾里看花，难以捉摸。

小学生阅读以上四种外国名著译本，常常会遭遇阅读困境。一是感到文字晦涩艰深，冗长复杂，不适应翻译者的语言风格，不理解翻译者的表达方式，不能产生和保持阅读兴趣。二是感受不到名著的经典特性，捕捉不到名著的艺术价值和思想价值，从而影响了阅读经验积累，弱化了写作借鉴功用，很难达到改善学生人生底色，提升其文学修养的目的。

因此，教师必须帮助小学生选择外国名著的优质译本。

---

①泰戈尔.飞鸟集[M].郑振铎，译.北京：人民文学出版社，2007.

②泰戈尔.飞鸟集[M].冯唐，译.杭州：浙江文艺出版社，2015.

二、怎样选择外国名著较佳译本

小学生对外国名著了解较少，认识较浅，选书经验不足。小学语文教师进行外国名著推荐和导读时，译本选择是首要工作。帮助小学生选择外国名著译本，如同帮助孩子选择一双合脚又舒适的鞋子，可以让他们行动更加便利，心理更加轻松，心情更加舒适，站得更高、走得更远。笔者结合个人教学经验，介绍三种选择外国名著译本的办法。

（一）翻译家识别法，注重读者认同

选择译本，首先要了解、认准一批知名的翻译家。面对一部外国名著的众多译本，教师要善于“人脸识别”，将其中比较知名的翻译家的译本拣选出来，尤其是一些经过时间沉淀、获得读者广泛认同的译本。“过世三十年以上的作家的书才值得看”[①]，这句话对于名著译本选择也具有相同的意义。采用翻译家识别法，首先要根据语种确定相关的翻译家。如英译汉领域的朱生豪、江枫，法译汉领域的傅雷、王道乾，俄译汉领域的查良铮、高植，德译汉领域的朱光潜，西班牙语译汉领域的杨绛，丹麦语译汉领域的林桦、叶君健，梵文译汉领域的季羡林，等等。在对相关语种的翻译家有了基本了解后，教师就能够确定一部外国名著的几个待选译本。以《安徒生童话》为例，周作人、赵景深、叶君健、林桦等人都曾翻译过，但叶君健译本译自丹麦原文，保持了原文的诗意、诙谐和形象灵动、清新自然的语言特色，赢得了中国读者和丹麦学者的双重认同，并使译者获得了丹麦国旗勋章。因此，叶君健译本可以选定为推荐译本。

下面呈现《海的女儿》三个译本的同一片段：

1. 精简版：在浩瀚的大海深处，有个鱼儿的王国。海王有六个美丽的女儿，尤其是小女儿比姐姐们更美丽，她善良纯洁，有着美妙动听的声音。她们自由自在、无忧无虑地生活在大海里。[②]

2. 叶君健译本：在海的远处，水是那么蓝，像最美丽的矢车菊花瓣，同时又是那么清，像最明亮的玻璃。然而它很深很深，深得任何铁锚都达不到底。要想从海底一直达到水面，必须有许多许多教堂尖塔一个接着一个地连起来才成。海底的人就住在这下面。[③]

---

①村上春树.挪威的森林[M].林少华，译.上海：上海译文出版社，2007.

②安徒生.安徒生童话[M].陶伏平，译.北京：东方出版社，2013.

③安徒生.安徒生童话全集[M].叶君健，译.天津：天津人民出版社，2014.

3. 任溶溶译本：在很远很远的大海上，那里的水像最美丽的矢车菊那么蓝，像水晶那么清澈，非常非常深，说实在的，深得没有那么长的锚链可以让锚够到海底。就说教堂高高的尖塔吧，那也得把许多许多个尖塔一个接一个叠起来，这才能从下面的海底达到上头的海面。海王和他的臣民就住在那地方。[①]

经过对比发现，叶君健译本语言简洁、优美，诗意中饱含童真，质朴中不乏清丽，的确更胜一筹。

（二）教育视角选择法，注重教师认同

以专家观点和广大读者的阅读反馈为参考，教师自己对同一名著的多种译本进行比较，这是一种虽然麻烦却行之有效、虽然费时却对学生负责的译本选择法。一方面，他人的评价未必完全真实和客观，适合大众口味的译本未必是经典译本，就比如网络文学受众甚多，但是依据学生自身阅读兴趣、阅读能力与审美鉴赏能力选择的作品常常不是古今中外名著佳作，而是一些轻松浅显、缺乏深度的“小白文”。另一方面，读者有特殊属性：知识储备、阅读能力和心理发展水平弱于成年人的小学生。教师帮助小学生选择的名著译本，必须在保留原著经典属性的前提下尽量适合他们的阅读习惯、阅读能力和心理，使他们能够比较顺利地理解，并随着年龄增长、能力增强、心理发展，在反复阅读和回味中获取新发现，汲取新营养。

以王尔德的《快乐王子》（课文《巨人的花园》选自该童话集）为例，该书译本多达十几种，译者有巴金、何佳、谢志国、史津海、苏福忠、张敏、刘清彦、黄清、周南焱、姚雁青等。在这些译者中以巴金较为著名，很多读者出于对巴金先生的推崇甚至崇拜，不假思索地推荐他的译本；还有一些读者虽然没有读过苏福忠、张敏的合译本，但出于对苏福忠其他名著译本的批评观点，便对苏福忠、张敏的《快乐王子》合译本持消极看法。笔者在购买这两种译本后，组织部分教师，从教育学和文学的视角以及小学生的立场出发，进行了对照比较，得出基本意见：巴金译本语言平实简约，与王尔德辞藻富丽、语句流畅、哲理微妙的语言特色“血型不配”，翻译效果不佳，而且读来比较拗口。按照“功能加忠诚”[②]的翻译原则和实际阅读体验，苏福忠、张敏的合译本在呈现原著思想特色的同时，成功营造了流畅富丽、浪漫自然、含义隽永的语言风格，增强了吸引力与可读性，为小学生扫清了阅读障碍，是更适合小学生阅

①安徒生.安徒生童话[M].任溶溶，译.上海：上海译文出版社，2011.

②张美芳.功能加忠诚——介评克里丝汀·诺德的功能翻译理论[J]《外国语》2005（1）.

读的译本。

（三）学生验证比较法，注重学生认同

学生验证比较法要求教师组织购买多种译本，使学生有计划、有分工地进行比较式阅读，教师收集比较阅读感受，分析不同译本的优劣和受欢迎程度。学生的阅读感受可以是整本书的比较阅读感受，也可以是部分句段的比较阅读感受。《小王子》是法国作家安东尼·德·圣埃克苏佩里创作的小说，语言浅近天真，哲理深刻复杂。该书在国内有30种以上的译本，笔者通过翻译家识别法、教育视角选择法去芜存菁，遴选了10种译本，具体如下：（1）商务印书馆1979年版，程学鑫、连宇译；（2）中国少年儿童出版社1981年版，胡雨苏译；（3）人民文学出版社2001年版，马振聘译；（4）天津教育出版社2005年版，艾柯译；（5）上海译文出版社2009年版，周克希译；（6）中国华侨出版社2010年版，林秀清译；（7）天津人民出版社2013年版，李继宏译；（8）北京十月文艺出版社2013年版，郭宏安译；（9）红旗出版社2016年版，马爱农译；（10）浙江文艺出版社2017年版，树才译。学生比较阅读了其中4本。下面是《小王子》部分语句的翻译比较呈现。

1. 马爱农译本：如果一个人爱着一朵花，在成千上万数不清的星星中只开着一朵这样的花，那么，只要抬头望着群星，他就会觉得满心愉快。他可以对自己说："在某个地方，生长着我的花……"可是如果小羊把花吃了，那么一转眼间，他眼前所有的星星都会变得暗淡无光……而你竟然认为那不重要！

2. 周克希译本：如果有个人爱上一朵花儿，好几百万好几百万颗星星中间，只有一颗上面长着这朵花儿，那他只要望着许许多多星星，就会感到很幸福。他对自己说："我的花儿就在其中的一颗星星上……"可要是绵羊吃掉了这朵花儿，这对他来说，就好像满天的星星突然一下子都熄灭了！这难道不重要吗！

3. 郭宏安译本：如果一个人喜欢一株花儿，她在千万颗星球上是独一无二的，当他仰望群星时足以使他感到幸福。他会想："我的花儿就在那儿的某个地方……"要是绵羊吃掉了花儿，对他来说就好像所有的星星突然间熄灭了！难道这不严重吗？

4. 胡雨苏译本：如果有个人喜欢一株花儿，她是千万颗星星上绝无仅有的。当他仰望满天繁星时，会感到莫大的幸福。他会自言自语地说："我的花儿就在那儿的一个什么地方……"但是，如果来了一只绵羊把花儿吃掉了，对他来说，就如同满天的繁星突然消失一样，难道这还不严重吗？

笔者提炼了部分学生的比较感受。第一，马爱农译本“变得暗淡无光”和胡雨苏译本“突然消失”，不如周克希译本“突然一下子都熄灭了”生动形象，富有画面感。第二，郭宏安译本中“她在千万颗星球上是独一无二的”和胡雨苏译本中“她是千万颗星星上绝无仅有的”两句，判断语气明显；马爱农译本中“在成千上万数不清的星星中只开着一朵这样的花”，句子较长，且“成千上万”和“数不清”意义赘余；周克希译本中“好几百万好几百万颗星星中间，只有一颗上面长着这朵花儿”，两个“好几百万”不但符合儿童的数感，也符合儿童在强调观点时反复用词的语言习惯。第三，郭宏安译本中“当他仰望群星时足以使他感到幸福”，胡雨苏译本中“当他仰望满天繁星时，会感到莫大的幸福”，马爱农译本中“只要抬头望着群星，他就会觉得满心愉快”，都不如周克希译本简约自然（“那他只要望着许许多多星星，就会感到很幸福”），清晰流畅地传达出了童年的感受和天真的趣味。此外，周克希译本中最后的反问句和“重要”一词，也比其他译本更为神妙。师生总结后，认为周克希译本是更适合小学生阅读的《小王子》译本。

清末翻译家严复提出“译事三难”[①]：信、达、雅。我们基本可以理解为清晰准确、通顺明白、雅意传神。笔者主张，教师在帮助小学生选择外国名著译本时，不但要考虑到译本的信、达、雅，更要考量译本作为某一学段教学资源的适配情况和可应用程度。具体来说，要追求三个目标：第一，学生能够借助清晰准确的译本，了解原著的内容以及所涉及的知识，理解疑难问题。第二，学生能够借助通顺明白的译本，发现和学习原著中高超的写作手法、独特的表达风格、经典的语言范式。第三，学生能够借助雅意传神的译本，感悟原著思想，体验人文情怀，不断滋养心灵，提升文学修养。教师如果认真考虑以上三点，力求让学生在信中求知，达中求文，雅中求情，译本的选择就会更加科学、准确、富有实效，学生对外国名著就会更加感兴趣，更有阅读动力、思考活力和语文能力。

①赫胥黎.天演论[M].严复，译.北京：朝华出版社，2017.

读书之法，深纯沛然

读书是语文学习的重要方法，也是语文学习的应用手段和行为目的之一。作为摄取知识、增益心智的途径，读书的意义通过语文教学引导并实现，所产生的价值和良性心理波动又超越了语文课堂，影响学生的思维世界。

读书读书，读在口中，化在心上。书籍的选择至关重要。弗罗斯特说“在我的面前有两条路可供选择”，读书亦是如此。选一条繁花似锦、春树葳蕤的“路”，还是选一条叠叶静美、秋风萧瑟的“路”，选择权在语文教师手里，语文课堂就是指向标。作为领路人，语文教师应当认真拣选，“事必躬亲”。

笔者在读书方面首先注重深纯，此为选书的根基。所谓深纯，是指所选书籍务必品臻经典，百年不朽，锤炼日久，内无杂染。近年来，不少班级建立图书角，各式图书充塞其中，良莠不齐，混一而居。其中类别可作如下划分：第一，《作文起步》《日记大全》《××天学会写作文》《创新作文》等作文日记类辅导书和一些“美文文选”“心灵鸡汤”等；第二，《老夫子》《奥特曼》等漫画类书籍；第三，曹文轩、梅子涵、北猫等国内儿童文学作家的作品；第四，经典的、曾产生和正在产生重大影响的名著，这一类又分为原著和精简版。本着“取其精华，弃其糟粕”的原则，笔者将前三种图书剔除出学生的阅读范畴，仅保留第四种图书。

第一类图书制作粗糙、内容老套，且是授之以鱼的做法，不为教育者所取。第二类图书虽然容易激发学生兴趣，但过多的图片削弱了文字的表达力量，学生丧失了从文字中学习语文、体验生活的机会。第三类图书在语文课堂“十分畅销”，是当代儿童文学作家的知名力作，广为流行且便于交流讨论，但笔者却不推崇。因为这部分书籍虽然具有一定的文学价值和思想价值，但它们在国内受到追捧，得以畅销，与商业运作有着密切的关联，一定程度上属于“注水文”。更何况这些书籍的文字并未达到炉火纯青的地步，在思想和艺术上都有贫瘠疲软之所在，远不及那些得到世界各地一代代读者普遍认可的经典书籍。林肯曾说：“喷泉的高度不会超过它的源头，一个人的成就不会超过他的信念。”我国古人也说，“法其上者得其中”。学生只有接触最完美、最高级的文学艺术作品，才能充分鼓荡胸襟，涮洗见识，得以牢牢筑基，为今后的质变飞跃作准备。如果一开始就选择质量不佳的书籍，那便是放下黄金捡白银，一步差似一步。在这里推荐几本适合小学生阅读的书：《爱的教育》《窗边的小豆豆》《海蒂》《小王子》《猜猜我有多爱你》《飞鸟集》《昆虫记》等。

深纯之后，谓之沛然。孟子曰："沛然下雨。""沛然"原指雨水充足的美好景象。在此引作读书观点，用来指读书的丰富、平衡、融汇。读书非一朝一夕事，专门开设的读书课程不是为了画地为牢，而是为了叠桥铺路，在学生的主观意识和书籍的客观精神世界之间开沟挖渠，使之明道。学生顺着这条通往书籍世界的涓涓细流，闻声循迹，渐渐深入。始则亦步亦趋，在教师的带领下，在规定的时间内，完成阅读；而后心窍渐开，开始有主张、自我安排时间的阅读。这时，读书就进入了"沛然"的阶段。在这一阶段，学生对读书产生了浓厚的兴趣，懂得"自作主张"选择书籍。此时教师一定要做好引导和建议，正本清源，使学生所选书籍始终泓流清澈，不失赤子之心。然后，鼓励学生阅读各种各样的经典书籍，破除中外、古今、文体、作者的局限，领略多个层次、多种思想、多种形式、多种风格的文化，为日后的百川汇海、融会贯通做准备。特别值得注意的是，教师务必破除学生在第一阶段形成的对某类图书的片面兴趣，打破局限之缸，使鱼入汪洋，接触和尽览其他类别的图书，如此学生才能形成广泛的阅读兴趣和完整的心智，才有机会在将来融会各种思想，触类旁通，酝酿创新。比如一个孩子偏好《小王子》等经典故事类书籍，则应引导他阅读《窗边的小豆豆》等生活记录类书籍；如果他片面阅读记叙文作品，那就引导他去读《飞鸟集》《新月集》等诗歌作品；如果他阅读现代作品过多，则应使之接触经典传统文化，从《世说新语》《山海经》《笑林广记》等趣味性著作（带原文的版本最好）开始阅读，这样比较容易培养兴趣，接下来，再阅读《论语》《古文观止》《全唐诗》等作品。学生阅读各种经典书籍后，会形成比较丰沛的思想体系，自我内涵得以提升至较高层次，实现健康、智慧、善思、人文底蕴深厚的健全人格。同时，他们的语文能力会自然而然地发展、完善、创新，形成独具个性的语文学习方法和阅读能力。

读书是学生获取间接经验的主要途径，为求收益的最大化，笔者讲究读书的深纯和沛然。小学生从阅读之初便接触最优秀的人类文学作品，可谓起步高，站得稳，站得正，深纯得法。打下这样良好的基础，再有意识地引导学生广泛涉猎不同民族、不同时代、不同文化底蕴、不同思想意识的经典之作，涓滴细流，昼夜汇集，终有一日百川东到海，学生所读所感在心中自我辨诘，成熟、交汇、融合，达到平衡、衍生的新状态，这就是“沛然”的境界。

读书有法，深纯沛然。笔者在教学中借此原则，有效地提高了学生的语文水平、阅读能力和文学艺术鉴赏水平，丰富和发展了孩子们的人格内涵，这种优秀人格逐渐外化到为人处事上。孩子们好书读得多了，认知提升了，情感成熟了，观察力和思考能力随之渐长，读书已成为他们生命成长的源泉，不可或缺，形成习惯，一生受益。

第三辑

习作教学：兴趣、合作、生活

要养成写作能力，第一宜着眼于生活和发表的一致；说明白点，就是发表的必须是自己的意思或情感，同时又正是这意思或情感。花言巧语能写几篇文字有什么用处呢？必须与生活相一致，写作才有意义。

——叶圣陶《国文科的目的》

统编本语文教材二年级下册写话教学建议

写话教学是二年级语文教学的重要任务，也是第二学段进行习作教学的前提和基础。《义务教育语文课程标准（2011年版）》对第一学段写话教学提出了三个明确要求，一是“对写话有兴趣，写自己想说的话”，二是“在写话中乐于运用阅读和生活中学到的词语”，三是“学习使用逗号、句号、问号、感叹号”。笔者对此的理解是，学生在一年级语文学习中，初步积累了字、词、句、段、篇等内容，有了语文思维与语文审美体验，进行了一些口语表达的实践。进入二年级后，我们要将学生从口语表达引向书面表达，丰富语言运用的实践形式，进一步满足学生的发展需要。同时，也让学生借助二年级的写话经验，顺利过渡到三年级习作学习。

统编本教材二年级下册设计了四次写话教学，主要分为想象类写话与纪实类写话。写话的话题源于学生实际，反映学生生活，学生喜闻乐见，易于产生兴趣。从相关内容的编写意图分析，二年级下册写话教学有几个关键：一是以发展兴趣为先，不能因文伤趣；二是不拘长短，把意思说清楚即可；三是注意写话的格式要求，初步建立写作规范意识。进行二年级下册写话教学，要根据学情，结合重点，灵活机动，高效教学。下面，笔者根据个人经验，浅述二年级下册写话教学建议。

一、简单有趣

南宋谢枋得在《文章轨范》中指出：“凡学文，初要大胆……但见文之易，不见文之难。”[①]谢枋得的主张与当前的语文课标要求不谋而合，课标中也有让学生“易于动笔”的要求。这里的“易”不是指写作目标很低，写作技巧很少，写作评价很随意，而是指写作目标简单，写作方法易操作，写作评价以兴趣为主。在这样的情况下，学生更能在简单的实践中收获经验，在轻松的表达中发现趣味，进而自然地踏上“写话—习作—写作”的难度阶梯。

①谢枋得.文章轨范[M].武汉：崇文书局，2016.

一是要求要简单。降低“写话”门槛，让学生抬抬脚就能迈过去，感受到写话就像走路那样简单。在写作之前不要提林林总总的要求，不要设条条框框的限制，不要有过于复杂的评价标准，以免学生对号入座、为写而写，从而束缚了学生的灵感和能力。教师引导学生明确写话主题。学生愿意写什么就写什么，愿意怎么写就怎么写，愿意写多少就写多少。在修改和评价环节相机渗透或点明教材提出的一两条要求，以便启发学生进行适当的改进，发现和反思写话的基本要素。

二是过程要有趣。对二年级学生来说，写话仍然是听说读写等语文活动中比较有难度的一项学习任务，理解难、修改难、评价难，下笔尤其难。为了化难为易、化繁为简、化平为奇，我们要设计有趣的活动过程，让学生感到“好玩”，主动经历简单的写话流程。

以二年级下册第一次写话“写一写你的好朋友”为例，作一说明。这次写话由两部分组成。一是要求部分：照样子，向大家介绍一下“他是谁”“长什么样子”“你们经常一起做什么”；二是样例部分：“张弛（谁）”“他掉了一颗门牙（长什么样子）”“我们天天一起上学，一起回家（经常做什么事）”。为了降低写话的难度，本次写话分步进行。

猜猜他是谁。教师口头描述一两个人物，激发学生猜想的乐趣，并从描述中初步感受介绍人物的方法。例如，一个小女孩身穿对襟的红花绿棉袄，头扎两个小辫，右手戴着一只碧绿的手镯，她正在摇拨浪鼓呢！你们知道她是谁吗？学生对语文教材非常熟悉，发现教师所描述的正是教材封面人物之一。再如：某某同学个子高、手掌大，我经常请他帮忙收作业。学生一听即明，教师描述的正是班长。

介绍好朋友。通过猜想，学生对这种介绍形式产生了浓厚的兴趣和体验的欲望。在学生介绍好朋友的过程中，有几点注意事项。一是鼓励学生自由表达，不要提“具体、生动、形象”之类的空洞要求，对于“他叫张三，他很高”这样简单的表达，也要及时鼓励。二是在学生表达过程中渗透写话要素。有的学生说不完整，只说了朋友的样子，没有说“我们经常做的事情”，教师适时引导。如学生只说了“他长得很胖”，教师即时提示：“你们经常一起做游戏吗？”学生说：“我们经常一起下围棋。”这样，学生的思路就逐渐完整起来了。介绍的过程先要保持“说”的趣味，再来考虑写话要素。

写写好朋友。在说清楚的基础上，教师引导学生把所说的内容写下来。学生简单写到“谁”“长什么样子”“我们经常做的事”三个要素即可。不必要求学生按顺序写。对于写不清楚的学生，教师也可以“帮帮忙”合作完成，秉持“学生能表达，教师就表扬”的原则进行教学，避免意兴索然，保持意兴盎然，实现简单自然。

二、表达有路

“雨里孤村雪里山，看时容易画时难。”①优美的自然风光可以尽收眼底，天然的美好境界令人沉醉其中。“看到”“知道”和“感受”是容易的，但将之诉诸笔墨却颇有难度。对于二年级学生尤其如此。二年级学生只能感受和体验简单的写话结构，缺乏清晰的理性认识；词句掌握有限，文字运用也不够娴熟。即使面对形象生动的“看图写话”或者鲜活有趣的生活“引子”，有时也一筹莫展，出现说得出、写不出，说得杂、写得乱的问题。针对这种情况，要想让学生顺利地进行书面表达，教师应当为学生铺好表达之路，引领学生顺利上道，防止学生写话之初就有“欲渡黄河冰塞川”的茫然，陷入“行路难，多歧路”的写话困境。

二年级下册的第二次写话活动重点指向观察与想象，要求学生看图后想一想：“小虫子、蚂蚁和蝴蝶用鸡蛋壳做了哪些事情？它们有什么有趣的经历？把它们这一天的经历写下来吧！写的时候，可以用上下面的词语：早上、过了一会儿、到了下午、天黑了。”文字下方呈现了四幅具有童话叙事风格的漫画，一图一景，趣味盎然，情景“直播”与想象“留白”并存，又以点状序号暗示了故事发展的顺序。

教学本课时，要铺好表达之“路”，引导学生把图画当故事去讲，把故事讲好了再写。

按照顺序观图片。写话提供的图片能够激发学生的兴趣，但是学生容易不按顺序进行观察。教师要引导学生发现点状序号，按照顺序观察，如实地介绍所见。例如，学生在观察第一幅图画后说道：“小虫子、蚂蚁和蝴蝶用一块木板和半个鸡蛋壳搭成跷跷板。小虫子和蚂蚁分别坐在跷跷板的两头玩耍，蝴蝶在中间飞舞着、指挥着。”然后，引导学生基于观察进行片段想象。一是对每个场景的想象。例如：三个小动物是怎么玩跷跷板的，怎样制作热气球的，怎样利用蛋壳避雨和休息的。二是对场景切换时产生的留白的想象。例如：小虫子、蚂蚁和蝴蝶在避雨，后来为什么没有回各自的家，而是在蛋壳里睡觉了呢？

展开想象编故事。想象是本次写话教学的重点之一，注意事项有三。首先，学

①关汉卿.望江亭[M].上海：上海文艺出版社，1984.

生要利用图片进行完整的想象，在想象中讲故事、写故事。其次，故事中的三个小动物本身也具有丰富的想象力，能把半只蛋壳想象出诸多用途。最后，要进行有依据的想象，初步形成合理的文章顺序。在这一环节，教师重点指导第一幅图。学生根据图画选配词语，这些与时间有关的词语，让学生在按照顺序叙述时有了更明显的抓手。图一中晨曦微露，青草芬芳，虫蚁游戏，蝴蝶振翅，学生认为这是“早上”；图四中星辰漫天，弯月如钩，蛋如摇篮，叶如棉被，学生知道这是“天黑了”。学生依照图画的顺序，以相应的词语开头，讲述故事。例如：“早上，小蚂蚁……”“过了一会儿，它们玩够了，蝴蝶灵机一动……”学生可以边讲述边想象，可以讲故事大概，也可以讲详细历程；可以个人独创，也可以融入他山之玉。

怎么说就怎么写。写话，就是要把嘴上说的话和心里想的话写下来。教师不要设门槛，要鼓励学生怎么说的就怎么写。在结构方面，可以契合四幅图画，分成四至五个自然段来写， 图文相互映照，彰显文章层次；也可以不分段，一气呵成，体现故事的完整性。在格式方面，适度提出“开头空两格、标点占一格”等基本要求，不但不会影响学生的写话积极性，反而有助于渗透规范写作意识。学生想得奇妙，看得仔细，讲得得意，听得有趣，写得自在，在表达之路上才能纵情奔跑，即“作诗文必须放，放之如野马，踶跳跑嗥，不受羁绊”（王筠《教童子法》）。

三、圈点有法

圈点，原指在书或文稿上加圈或点，用来标出自认为精彩、重要或值得注意的语句，此处引申为对写话进行正面的评价。“少改易之，以圈为主”，隐其“恶”而扬其 “善”，少修改而多称赞，发挥正面评价的作用，培养二年级学生积极动笔的态度和乐于写话的情感。

圈点的形式多种多样，因时制宜，不必拘泥于书面。提问思考和练习说话时可以采用口头圈点方式，练习写话时可以采用书面圈点方式，分享交流时可以口头圈点与书面圈点相结合。圈点的主体可以是教师，也可以是同学，还可以是自己。自我圈点能够以反躬自省的方式找出所写内容的“敝帚自珍”之处，教师和同学圈点能够帮助学生更加客观地认识“文章”，初步树立读者意识。

二年级下册第三次写话的主题是“我对奇妙大自然的疑问”。这次写话引导学生针对奇妙的自然现象，提出不懂的问题，并把这些问题写下来。教材提供了示例。

例如：“为什么星星会眨眼？”“是谁告诉蝉要下雨了？”示例中问题的角度和方式多样，启发学生从不同角度提出问题。教学本课时，笔者重点从“问什么”和“怎么问”两个方面设计训练活动与针对性的评价。

自读例文，感受提问的角度与方式。学生自读例文后，教师引导学生发现示例中不同的提问方式，标记出“怎么、谁、哪儿、为什么”等疑问词。“为什么”有时出现在句首，有时出现在句中。“哪儿”有时出现在句首，有时出现在句末。通过比较疑问词在句中的具体位置，感受多样的提问角度与方式。还可以通过替换疑问词的方法，让学生在言语表达过程中感受提问句能够灵活变通的特点。例如“石头上怎么会有贝壳呢”，也可以说成“为什么石头上会有贝壳呢”，或者“石头上的贝壳是哪里来的”。在自读例文的过程中，教师及时进行口头点评，肯定和激励学生的言语表达。

借助图文，增加提问的空间与个性。二年级学生丰富的想象和好奇的品质，经过激发与引导才能更加顺畅地“倾泻”出来。可采用的方法，一是为学生准备一些图片，如浩瀚的海洋、深邃的星空、苍茫无际的草原、神秘奇妙的森林等主题，让学生的想象有所依托，提问有所着落。二是为学生提供一些科学小品短文，如“植物为何会开花”“下雪为何不冷”“小乌龟背上怎么出汗了”等主题，让学生发现更大的提问空间，能够从植物、动物、自然现象等不同方面深切感受大自然的范围之广、未知之多、奥秘之深、趣味之浓，从而基于图文生出个性化的疑问。

练习说话，丰富提问的情境与趣味。提问与回答是相应的行为，有问有答有助于进一步深化个人的思考，增加提问的趣味。一要组织小组交流，让学生在真实的情境中提问同学，并获得及时的回答。二要保证提问清楚。有的学生提出这样的问题：“响尾蛇厉害吗？”问题提得宽泛，不够清楚、具体。教师要适时点拨，引导学生用上疑问词，把问题说清楚，如：“响尾蛇究竟哪里厉害呢？”一个“哪里”，将学生从对响尾蛇厉不厉害的简单判断，引向了对响尾蛇致命本领的深入思考。提问者问得更明确，倾听者想得更深入。这一环节口头圈点的重点，一在于肯定学生提问的积极性，二在于赞扬角度奇特、方式多样的提问，从而带动缺乏兴趣或者钝于思考的学生。

动笔写话，强化对提问的认知与表达。教师引导学生把说话练习中的个人表述写下来，在写话的过程中更加清晰地感受提问的角度和方式，有意识地学习和创新写话的格式。写话环节可以采用口头圈点与书面圈点相结合的方式，圈点的目的是认可学生的写话内容，巩固学生的写话兴趣。无论是有趣的提问、短小精悍的提问、出乎意料的提问，还是平常的提问、条目较多的提问、意料之中的提问，都有可圈可点之处，要“少改易之，以圈为主”。

四、真实有情

二年级学生不但具有写话的能力，而且具有很强的模仿能力。一些学生在纪实的练笔中，为了凸显个人情感“为赋新词强说愁”，造成文字虚情假意，味同嚼蜡。还有一些学生在写话中不说心里话，而是拿一些作文模板生搬硬套，造成了其在小学中高段和中学时期写作的更大困境。其实课标中早已指出，二年级的学生要“留心周围事物，写自己想说的话”。这句话一定程度揭示了小学语文写作（写话）教学的一个规律，那就是学生要根据观察来写实，遵从自我的内心；根据事实来想象，避免天马行空的思维。“为情者要约而写真，为文者淫丽而烦滥。”[①]只有写真知，才能有真言；只有写真心，才能有文心；只有写真事，才能抒真情。

二年级下册第四次写话（最后一次）的主题是“你想养什么小动物”，要求学生写清楚自己想养小动物的理由。本课教学的重点是引导学生结合生活经验和个人愿望，把自己的理由说清楚、写明白。

聊天主题宜轻松。学生对养小动物的话题比较感兴趣，也比较了解，教师可以直接切入主题，引导学生聊一聊，并适时给学生抛出一些拓展思路的问题。例如：“你养过小动物吗？”“你见过哪些小动物？”“你喜欢哪些小动物？”“如果可以养一只小动物，你想养什么？”营造轻松活泼、真实有趣的讨论氛围，激发学生说真话与写真话的愿望。

诉说理由宜清楚。先引导学生说一说想养某种小动物的理由，再在组内交流各自的理由或想法。作为指导教师，一要帮助学生说清楚，让理由更加明晰、简练、有条理。二要鼓励学生多说几条理由，让理由更加全面、充分、有力度。例如，一位学生表示自己想养狗，因为“小狗的眼睛很大”。教师便启发学生描述小狗毛色、身形、性格等其他方面的特征。该生补充了“小狗的耳朵能竖起来，很有趣。小狗能陪着我散步”等理由。

表情达意宜真实。一些学生在练习说话时能够依据真实经验，说出真情实感，到了写话时却又落入习作模板的窠臼之中，不依据所说而写，反而为文造情、因文害

①刘勰.文心雕龙[M].北京：作家出版社，2017.

意。一位学生在说话练习中表示自己“想养一只小乌龟”，因为“小乌龟不但会冬眠，还会捕鱼。我在同学家见过小乌龟捕鱼，它脖子一甩，一下子就把小鱼叼住，可有趣了”。他在写话时却改成了“我想养一只大熊猫”，因为：“大熊猫肥硕似熊，憨态可掬，头圆尾短，黑白相间。它有相对锋利的爪……大熊猫已在地球上生存了至少800万年，被誉为‘活化石’。我是那样喜爱大熊猫！”由此可知，该生搜索了一些相关资料，并直接作为个人喜爱大熊猫的理由写入文中。经询问得知，他既没有见过大熊猫，也对这段文字不甚理解，更没有产生“那样喜爱”的情感，只是为了写出一篇文辞优美、标新立异、高人一等的文章。面对此种情况，教师要及时引导学生说真写实，回归写心里话的正路上。

另有一种写话的情况：学生在行文中表达出自相矛盾的意思。一位学生这样写道：“我想养一只小兔子。小兔子蹦蹦跳跳的，多么可爱。小兔子的毛多么柔软……很久以前我养过一只兔子，不过它拉的bǎ ba臭死了。算了，不养小兔子了，我还是养一只小狗吧。”遇到这种情况，教师要先肯定并欣赏学生在写话中流露的真情实感，再引导学生写一写“养一只小狗”的理由。只要写话中有了真情实感，就如山川有了烟云，春光有了草树，文章有了精神。其余的，反而次要。

【后记】

纪海龙教研写作室基于这篇文章，作了“统编本小学语文教材二年级下册写话教学探析”的研讨和实践，以专题形式发表于《新作文·小学作文创新教学》2019年第10期。专题共四篇文章：

1.《统编本小学语文二年级下册写话教学探析》，作者纪海龙、孙传文。

2.《探简单之“趣”，循表达之“路”》，作者程亚男、于保东。

3.《少改易之，以圈为主》，作者张婷婷、巴向辉、岳会芳。

4.《聊出趣味，写出真情》，作者杨雪红、王伟国、张静。

读童话，写童作，生童趣

北宋大文豪苏轼曾写过一首题为《夜梦》的趣诗："夜梦嬉戏童子如，父师检责惊走书。计功当毕春秋余，今乃粗及桓庄初。怛然悸寤心不舒，起坐有如挂钩鱼。"大意是小孩子不爱读书，偏爱游戏，严厉的父亲很快要来检查作业了，心中真是惴惴不安，仿佛挂在鱼钩上的小鱼。正在惊惶之际，自己突然惊醒，原来是大梦虚惊。苏轼当时已经60多岁，梦见儿时读书仍然如此心惊，可见硬读硬写留给儿童多么痛苦的印象，以至于终生不忘。

小学生写作要基于阅读，阅读要基于兴趣。没有兴趣的阅读会使学生如同"挂钩之鱼"，惶惶然避之唯恐不及。童话是儿童阅读的起点，是最易引发儿童内心共鸣的书籍。它往往能够激发儿童的阅读兴趣，满足儿童的奇思妙想，获得阅读的美好体验。从童话阅读切入小学习作，有利于习作教学实现"起于读趣，乐于写趣，读写融合，妙趣横生"的课堂效果。

一、 以童话为脉络的习作内容架构

（一）走进插图，让儿童习作产生画面感

中国文化素来讲求书画一体、书画同源，更有"诗中有画，画中有诗"的经典说法。插图作为教材的重要组成部分，是不可或缺的课程资源，最易为学生接受。依托语文教材，引导学生读图、画图和写图，对学生习作具有启蒙之功。读图，就是感受和观察童话插图，通过图文结合了解童话内容；画图，就是儿童产生想象和联想，在趣味盎然的绘画活动中画出相关的故事发展画面；写图，就是在画面上补充文字，或者把所画内容诉诸笔端。

统编本语文教材一年级下册课文《树和喜鹊》是一篇童话。这篇童话内容简单，哲理深刻，插图像连环画一般反映了童话的曲折趣味。笔者在教学本课时，首先让学生观察第一幅插图，思考：这只喜鹊孤零零地待在树上，它的伙伴和家人呢？它遭遇

了什么？其次，让学生观察第二幅插图，交流：这里种了好多树，谁来种的？为什么？最后，让学生观察第三幅插图，讨论：这么多树和这么多喜鹊住在一起，他们以后会有哪些快乐的生活？请以图画作答。

以上设计的问题都是从课文和插图出发的，都是课文和插图的留白部分，给了学生发挥思考、想象和自主学习的空间。学生根据以上问题作画，其中比较典型的三幅画是：第一幅画了三只喜鹊在空中飞翔，一个猎人弯弓射箭，两只大喜鹊身负箭羽，鲜血满身；第二幅画了一个小男孩带着很多小孩子在种树，地上有水桶、铁锹，天上有几只喜鹊在盘旋；第三幅画的是一个满是鸟蛋的鸟窝在风中摇摇欲坠，大树伸出枝丫，将它托住，用叶子把它轻轻覆盖起来。

接下来，学生热情地展示并讲述了画面呈现的故事。教师提示：大家所讲的内容，单从图画上是看不出来的，要把想象的故事写出来，或者给图画配上文字。一位识字量较大的学生写成了一段话："有一天，春暖花开。喜鹊爸爸、喜鹊妈妈和小喜鹊正在蓝蓝的天空中飞行。突然，一个猎人wǎn起弓箭。弓箭sōu地一下穿透了喜鹊爸爸和喜鹊妈妈的身体，鲜血把它们的羽毛染红了！小喜鹊最后跑掉了，从此一个人孤ling ling地生活着。"另一个学生识字量不大，也不擅长写话，他在第二幅图上补充了几个词语：在许多小树边写"多呀，好呀"，在几只飞舞的喜鹊边写"做朋友吧"，在小男孩身边写"帮助小鸟"，而在那只孤单的小喜鹊旁边画了一个泡泡，里面是小喜鹊"说"出的话："xiè xiè 你们！"

走进插图，由读入画，画出心意，由画及写。这不仅符合低年级学生的思维特点，符合课标"图文结合"的教学要求，更刺激了儿童看图和写话的兴趣与欲望，使儿童习作内容产生画面感，更加生动、形象，充满童趣。

（二）走进生活，让儿童习作充满现场感

生活是习作的来源。从生活中寻找视点、合理取材，依托真实故事展开联想与想象，学生的习作就会具有鲜活的生命力和真切的现场感。由于学生接触生活面窄，获取信息较少，教师需要提供一些基于现实生活的童话，以此创造真实情境，让学生在不知不觉中受到吸引，身临其境，从而主动畅想和表达。

江西省九江市有一座奇怪的贺家山陵园。说它奇怪，是因为陵园里有一座动物墓。墓前，一座义犬雕像栩栩如生，让人忍不住驻足观看。有人常常在阅读墓志铭后，流下感动的泪水。那墓志铭上写着：赛虎，三岁半，雌性狼狗，生过13个孩子。

2003年的11月28日，江西省九江市林业汽修厂的工人炖了一大锅肉。赛虎一反常态，对着大锅狂叫，工人把肉扔给它，它不肯吃，依旧哀号不已。工人不解，准备进餐，赛虎望着工人们，悲鸣着吃下了地上的肉，随即死亡。这时大家才明白，炖肉有毒，赛虎以生命示警，救了30多人。

在三年级习作课堂中，笔者把义犬赛虎的真实故事讲给学生，学生听后深受感动。笔者提出问题：义犬赛虎不会说话，不能提示工人们炖肉有毒，只好用生命来示警。它是多么无奈，多么忠诚！如果你就是义犬赛虎，当时你会怎样想、怎样做呢？这一问题引发了学生强烈的代入感，渐渐进入义犬赛虎的“角色扮演”中。一个学生写道：“当工人们端出那锅炖肉时，我一下子便闻出来了：这肉不对劲！‘汪汪，汪汪！’我大声喊叫着，‘肉里有毒，大家不要吃啊！’但工人们听不懂我说的话，他们以为我要吃肉，夹起一块肉扔给了我。我叫呀、喊呀，眼泪都流出来了，人们就是无动于衷。这可怎么办呢？我急得满地乱转。这些工人都是我的好朋友，我怎么忍心看着他们中毒而死呢？我越想越伤心，越想越难过。当工人们把肉舀进碗里、送到嘴边时，我终于大吼一声，吸引了所有的人——我默默地舔食着地上的肉块，胃里传来一阵绞痛。慢慢地，我的眼前模糊了。此时，工人们惊慌失措地站了起来，围到我身边。看着他们恍然大悟的神情，我放心地闭上了眼睛……”

真实的生活经历最能打动人心，来源于生活的故事最能引发思考。学生基于现实进行童话构思，在习作中找到了现场感，生发了真感情，塑造了一只带有个性色彩的义犬赛虎。

二、以童话为脉络的习作方法指导

（一）跟童话学选题，发现生活趣点

开展多年阅读教学实践，笔者发现一个独特现象：爱读童话的学生不一定能够写好文章，但大都能提出新颖的选题和奇妙的构思。这个现象给我一个启发：五彩斑斓的童话能够最大限度地融入学生的思维世界，使学生想得到、有得写、写得好，而不至于灵感枯竭，无从下笔。

在三年级下学期，笔者曾安排一次习作活动，主题是“一次奇妙的生活经历”。有一个学生在阅读《大个子老鼠小个子猫》后，对其中《打针》《按门铃》《糟糕的闹钟》等章节非常感兴趣。他在读书交流会上说，从没想到按门铃这样一件小事，居

然能写出这么多字，能写得这么有趣！在这次习作活动中，他很快联想起自己也有一次在楼下按门铃的经历，便选择了这件小事来写，内容非常有趣。后来，笔者把这篇习作改写成一首打油诗："放学回家按门铃，按来按去没人应。小扣柴扉久不开，莫非门铃已失灵？无奈之下灵机动，想起童话有'奇兵'。找到同学妈妈家，借来电话问得明。原来奶奶睡大觉，眼不看来声不听。赶紧把我接回去，安慰一个大甜橙！"

一个童话就是一个选题，一个选题就能引发一种共鸣。学生在与童话共鸣的过程中留下印象，产生思路，在寻常中发现奇崛，在枯燥中发现趣味，在深深的海底发现美丽的贝壳和多彩的生命。

（二）跟童话学表达，渗透语言风格

如果说选题是一篇童话的萌芽，构思是一篇童话的枝干，那语言就是一篇童话的味道。经典童话都有独特的语言风格和个性表达，令读者经久不忘，闻味知人。《安徒生童话》文笔优美，生动自然，充满浓郁的乡土气息；《格林童话》语言精准而崇尚简朴，清新刚健又不失活泼；《快乐王子》则是唯美与机智同在，诙谐共哲理齐生，常使读者泪下，被誉为"唤醒沉睡的心灵，写尽人间的善恶"[①]之作。

课文《巨人的花园》是选自《快乐王子》的一篇童话。笔者在完成本课教学后，引导学生阅读了更加富有表现力的童话原文。文中恰到好处的修辞、华美动人的辞藻、巧妙设计的对比，令这些懵懂的四年级孩子沉醉其中。有的学生读完了全书，并反复朗读书中的一些经典语段。

"'在战争中，'织工回答说，'强者使弱者成为奴隶，而和平年代，富人使穷人成为奴隶。我们为活着干活儿，他们给我们可怜的工资逼我们去死。我们整天为他们卖苦力，他们在金库里堆砌金子，我们的孩子过早地夭折了，我们热爱的那些人的脸变得冷酷而邪恶。我们采榨葡萄，而别人喝着葡萄酒。我们种着玉米，可我们的餐桌上没有吃的。我们带着镣铐，却没有人能看得见。我们是奴隶，别人却说我们享有自由。'"[②]这段精妙绝伦的对比描写震撼着学生的心灵，也给习作教学带来了机遇。笔者适时引导学生仿写，有学生写下了这样一段话：

我们住在温馨的房子里，而山区小朋友在潮湿的土房子中过夜；我们乘坐校车来到学校，而山区小朋友要走十几里山路去上学。在美丽的清晨，我们吃着妈妈做的营养早餐；在寒冷的冬夜，山区小朋友用凉馒头配咸菜充饥。平板、手机、大剧院的

---

①②王尔德.快乐王子[M].苏福忠，等译.北京：中国对外翻译出版公司，2005.

演出，我们的生活五彩缤纷；穷山、恶水、走不出去的泥泞山路，他们的世界一片灰白。

模仿和学习童话的语言风格或表达方式，贵在恒久，一以贯之。教师只要持久地引领学生“跟随”某位童话作家，其作品风格就能逐渐渗透进学生的阅读里，浸染到学生的习作中。久而久之，这种语言风格就化为学生个性化的语言艺术。

三、以童话为脉络的习作教学策略

（一）写入“童话”，催生主角意识

小学生天真烂漫，富于想象，习惯把自己当作童话中的主人公，乐其所乐，悲其所悲，情感跟随童话中的人物命运起伏。为了使习作更加深入学生的真实生活，或者把学生的真实生活深度融入习作当中，笔者设计了师生共写童话的长期教学活动，把学生写入童话，童话中的主人公都有学生的影子。

文笔有高下，童心无分别，笔者这样确定童话习作的原则：“我们写的这一篇童话，读给住在花儿里的和住在叶子里的所有的孩子听。书中所写的人物与发生在教室的事情，基本是真实的。我想说，娇美的花瓣啊，不必炫耀你殷红的颜色，谦虚的紫罗兰才美得羞涩；碧绿的叶子啊，不必担忧你的柔弱，在风雨后留住阳光，那就是你的快乐。”

截至2018年，笔者与学生共同完成了七万字的长篇童话，包含《笨小孩儿》《完美之人》《喜欢乌云的小女孩儿》《画腿》等八个章节。在《笨小孩儿》一节里，“那只未出世的小黄莺蜷缩在暗无天日的蛋壳里长眠了。它见不到近在咫尺的一朵玉兰花，也见不到鱼群洄游的壮丽景观了。一天，欢欢爬上高高的树杈，把它小心翼翼地捧回家，装在精美的八音盒里，永久地收藏了”。在《完美之人》一节里，“涵涵总是独自一人，从口袋里掏出一面精致的小镜子，摸出一把散发着淡淡香味的桃木梳子，解开扎得紧紧的黑头发，安静地梳理着。她真是一个爱美的小姑娘呀！”童话中的“欢欢”“涵涵”等人物原型都是学生。

在共写童话的过程中，教师负责整体构思，学生进行细节设计；教师负责选取生活素材，学生决定运用哪些素材；学生决定人物命运走向，教师指导情节设计；学生写出童话梗概，教师负责润色提升。这部作品就是在师生合作、互相鉴赏的过程中诞

生的。

写自己的童话，写出了作者意识；读自己的童话，读出了主角意识；评自己的童话，评出了读者意识。师生共写，每一个“自己”都揉入了这部童话之中。在童话里，强烈的个体意识、独特的集体写作体验、个人创作经验和师生间的友谊正在不断创生、积累。

（二）切入“童话”，产生习作氛围

习作教学是生动的、灵活的，富有畅想氛围。笔者在习作教学中特别重视情境创设，用情境引领孩子们“入境”“感境”，进而“写境”“读境”。

创设童话开端，经历由实入虚。“幻想世界”主题习作教学前，笔者在多媒体屏幕上出示了画着一个巨大的黑洞和一只渺小的飞碟的图片，设疑：你将驾驶飞碟穿越漫长的黑洞，会到达哪里？学生兴致很高，做出各种猜测和幻想，并很快根据所思所想写出了许多精彩的童话。黑洞和飞碟图片是实，黑洞“彼岸”是虚，由实入虚，学生的想象通道被打开了，于是得以“思接千载，视通万里”[①]。如果这节课直接提出主题，按部就班，学生则极易陷入苦思冥想、无从下手的境地。

模拟童话环境，直击视听感官。小学生的世界是眼睛看到的世界、耳朵听到的世界、小手摸到的世界。优秀习作中的各种颜色、声音、触觉，少数来源于理性思考，大多数来源于直观印象。在习作教学中，笔者一般都通过语言营造、环境布置等手段，充分设计和模拟童话幻境，以达到刺激学生感官的目的。在进行《白雪公主》续写习作教学时，通过动人的配音朗读和学生精彩的表演，创造了真实自然、令人沉醉的环境氛围，学生在续写作品时不仅创作出脑洞大开的奇幻情节，还产生了不少文笔优美、令人动容的佳句。

童话为“写什么”“怎么写”与“如何教”等方面提供了现成的教学资源。在以童话为桨的小学习作课程荡舟之旅中，我们读童话、写童作、生童趣，有利于习作教学实现起于读趣、乐于写趣、读写融合、妙趣横生的课堂效果。

（本文发表于《新作文·小学作文创新教学》2018年第10期，有改动）

①刘勰.文心雕龙[M].北京：作家出版社，2017.

建构写作共同体之个例研究

德国学者滕尼斯最早提出“共同体”一词，用来强调具有紧密协作关系的团体组织。[①]本文所说的“写作共同体”，则是以写作为主要工作和目标的共同体。

早在1940年前后，学者于在春便进行了集体习作的教学实践，出版了《集体习作实践记》，可视为写作共同体的雏形和初探。在国外，写作共同体有着更为成熟的实践范例。如《时代周刊》便采用了写作共同体的模式，创作出大量影响深远的新闻报道。其“预写、草稿、修改、编辑、发表、读者反馈”的写作流程在实践中不断完善，取得一次次写作的成功，引起我们的关注和深思。

《义务教育语文课程标准（2011年版）》中对于写作的表示为：一至二年级为写话，三至六年级为习作，七至九年级为写作。不同学段的目标差异，反映了科学的教学梯度设计。然而，当前我国中小学语文教学大多死守习作概念，学生作文基本都处于了解、练习、模仿和尝试的水平，未能进行基于生活实际和自身思考进行创新的写作，缺乏写作的创造性和使命感。其作文脱离生活实际，缺乏真情实感。究其原因，一是教师教学侧重传授，忽视学生主观能动性，写作教学效率低下；二是学生学习方式不佳，多数学生以学范文、背范文为学习途径；三是教学目标舍本逐末，教师和学生多以“高分作文”为目标，忽视了培养写作兴趣、发展写作素养的根本目标。这些问题和现状，迫切需要我们推进写作教学转型。

笔者认为，写作共同体是一种分享式的生活写作模式，它具备以下基本特性：一是书面表达的共同愿望和目标，二是分工、合作与分享的写作过程，三是“生活”的特点和“工作”的属性。这些特性对于我们重新认识和落实写作教学目标、改革教与学的方式，具有针对性。因此，我们要抓住转型之机，把写作共同体灵活地引进学校，建构适合学校教学、能够普遍推广的写作共同体模式。笔者曾在班级、文学社团等多种组织进行写作共同体的尝试，取得了一些实践经验和活动反思。下面结合具体的写作活动，详细说明写作共同体的建构过程。

①滕尼斯.共同体与社会[M].林荣远，译.北京：商务印书馆，1999.

一、转变写作教学方式，采取对话教学，为写作共同体奠定课堂基础

传统的写作教学，多是教师从选题、提纲、结构、修辞等方面进行方法指导，教学更侧重于灌输。采取对话教学，有利于培养学生的倾听与表达素养，使其自我建构写作体系。具体来说，一是在对话过程中形成轻松舒适、自由开放的良好氛围，有利于扩大讨论范围、增强参与性、提高学习效率，最终确定共同写作的方向和基调；二是对话过程呈现了每一个学生的思维方式、人文积淀、相关生活经历、眼界见识、写作思路与经验，学生之间思维碰撞，充分交流，相互借鉴，互为补充；三是激发了学生发展自我的欲望，学习目标从写好作文、应付学习、考取高分，逐渐转变为张扬个性、抒发情感、表达思想。2015年，笔者组织了一次话题作文。话题为“雾霾”，文体不限，字数不限。按照以往的写作惯性，作文主要描述雾霾的景象、危害、治理办法等老生常谈的内容，极易写成干瘪的科普文章。由于我们采取对话教学模式，学生在充分交流的过程中产生了更多的联想和感悟，获取了丰富的信息和写作灵感，最后归纳出“新闻中的雾霾”“雾霾与生活”“‘雾之歌’‘霾之诗’”“走出国门的雾霾”“雾霾的未来”五个主题。如此一来，可供选择的写作主题更丰富，指向更明确。

二、制定写作流程，确定小组分工，为写作共同体提供制度保障

苏霍姆林斯基认为，劳动是最有效的学习，只有把写作作为一种完全真实的工作，才能充分刺激学生写作的使命感，提高写作的精细程度。团队工作的性质是分工与合作，写作共同体更是如此。笔者确立的共同写作流程如下：确定话题，初步搜集材料，选择与分类整理材料，确定主题，写提纲，写正文，讨论修改，定稿，读者反馈。写作共同体完全形成于学生团体生活中，因此每次的写作活动都自然而然地按照流程执行。在写作过程中，每个学生的分工都不相同，各司其职，各尽其责。

以“感恩”话题写作教学活动为例。由教师确定“感恩”话题。一组学生承担记者工作，通过上网、翻阅图书、人物采访等方式初步搜集材料。二组同学负责选择与分类整理材料，去芜存菁，优先拣选具有真实性和时效性的典型事例以及具有参考价值的各种观点、评论、诗文等，将此区分为正面材料与反面材料两大类，再按照家庭、社会、师生等方面进行二级分类。三组学生根据分类材料讨论协商，确定了多

个感恩主题，如“借得大江千斛水，研为翰墨颂师恩”的感恩教师主题、“谁言寸草心，报得三春晖”的感恩父母主题、“吃水不忘挖井人”的感恩社会主题等。四组学生衡量材料的价值和主题的时效，选定感恩教师主题，写出提纲并修改打磨。五组学生根据提纲与材料，字斟句酌，合作撰写文章。文章采用了两个教师无私奉献的案例和一个学生感恩教师的案例，最后着重强调了感恩教师的意义。

六组学生拿到文章后，经过多次阅读与讨论，提出修改意见并进行修改。第一，去掉了一个教师无私奉献的案例材料，增加了一个教师遭学生殴打的反面材料，使两个材料形成对比，借此抛出新问题：殴打事件到底是少数教师师德沦丧造成的，还是少数学生缺乏教养造成的？新的问题更加犀利，也更加关注社会，有利于作者和读者产生思考。第二，简化学生感恩教师的材料描写和空洞叙说，增加“程门立雪”的历史典故，既举例说明了感恩教师的具体行为，又讲清了为人师表的应有之义，还回答了上文抛出的问题。第三，原来的结尾为“感恩老师，让我们付诸点滴的行动。感恩老师，让我们关切老师的生活。感恩老师，让我们用努力来回报”，虽是排比句式，但语言乏味，欠缺真情。六组学生对此段作了如下修改：“新竹高于旧竹枝，全凭老干为扶持。饮其流者怀其源，学其成时念吾师。同学们，共勉之。”该段从郑板桥的《新竹》和庾信的《徵调曲》中各拈一句，借得巧妙，合得自然，既反映了教师对学生的扶持之功、师生之间的源流关系，又表达了饮水思源的感恩之情。七组学生在审阅此文后，改正错字和病句，对部分语句的修辞作微调，定稿，打印，并发给写作共同体全体成员。学生阅读后，在文后提出了一些阅读感受或建议，由一组负责收集、整理。读者反馈环节，主要目的是让写作者形成读者意识。至此，学生共同完成了一次写作。

共同写作的流程基本不变，但小组分工需要定期调整。精细的分工是为了培养学生处理信息、编辑、写作等某一项专业素养，以提高写作共同体的整体水平；定期调整是为了让每一个学生都能尝试并胜任每一种角色，以形成全面的个人写作素养。

三、采取多元评价模式，促进写作共同体良性发展

写作共同体是一个特殊的写作群体，其写作主体为全体成员，写作方式为集体写作，写作环境为拥有共同愿景的共同体，这些特点都决定了它必须具备超越个体写作的评价模式。按评价时间，写作共同体的评价方式分为环节滚动评价和完成评价。在

写作过程中，下一小组的成员须对上一小组的工作内容进行环节评价，促进其发现工作漏洞或不足，改进工作方法。文章完成后，所有成员针对文章的最终效果，进行全文评价。按评价主体，写作共同体评价方式分为作者自评、读者评价、教师评价和家长评价。因为全体成员同时是作者和读者，所以作者自评重在反思个人工作，读者评价重在为其他成员提建议。写作共同体是自我生长、自我管理的组织，教师仅担当指导者，家长担当读者，教师和家长扮演着共同体以外的第三方角色，负责从旁观察写作共同体的发展需求与瓶颈，并协助解决。

叶圣陶先生曾说：“共同写作，这个方法非常好，就是许多人共同练习说话，练习思想。一个人难免有欠周妥之处，大家讨论，讨论到大家满意为止，那一定是最好的说法和想头了。”① 笔者在班级和文学社进行的写作实践，证明了写作共同体的科学性和先进性。写作共同体不局限于一个或一时的写作任务，它超越了合作学习的教学组织形式，成为一种不断自我生长的写作发展体。它的发展目标也涵盖并超越了个体写作的发展目标，融合了写作与编辑、交流与合作、表达与倾听、信息收集与提取等多种专业素养。综合来说，写作共同体的生长模式和发展目标都适合小学写作教学。学校主动引入写作共同体，将对突破当前小学生写作困境、推进写作教学转型具有重大意义和实践价值。

（本文发表于《中学语文教学参考》2018年第1-2期，有改动）

①叶圣陶.叶圣陶教育文集[M].郑州：河南教育出版社，1989.

说说习作课文教学

——以《搭船的鸟》为例[①]

统编本小学语文教材中的一部分精读课文担负着特殊的使命：它们专门为习作而设，在习作中教学，基于习作而发展。这就需要我们紧紧围绕培养学生的习作能力这条主线展开活动。教学此类课文时，一要理解课程阶段目标和要求，从而找准本课的定位，重点关注习作教学的个性化和开放性；二要对教材中的相关资源进行有效组合，注重习作单元整体照应；三要弱化理解内容、积累语言、体验情感等方面的教学内容，在课时结束时集中指导生字书写，重点强化习作教学的内容。下面，笔者以统编本教材三年级上册《搭船的鸟》为例，说一说习作课文的教学。

一、摸清教材之脉

《搭船的鸟》以儿童的口吻，描写了“我”在去乡下的路上观察并认识翠鸟的过程。课题中一个“搭”字，就使鸟儿具有了灵性，体现了鸟和人在自然中的和谐相处。这是一篇不可多得的美文。本单元目标指向习作，本课目标指向观察。

第一，摸清统编本教材对观察和习作的纵向梯度设计和单元内的横向关联。一年级上册第八单元是“观察”主题，使学生认识到只要留心观察，生活中处处都有学问。一年级下册的“语文园地”展示台引导学生留心周围的世界，在生活中学习语文，展示和交流观察所得。二年级上下两册开始要求学生对写话有兴趣，留心周围事物，写自己想说的话。到了三年级上册，要求学生观察周围世界，能不拘形式地写下自己的见闻、感受和想象。其中第五单元是全新的习作单元，要求以观察为主线，培养学生主动观察生活的意识和习惯，为学生今后的习作能力发展奠定基础。

第二，进一步分析单元内容的横向关联。篇章页点明语文要素，《搭船的鸟》《金色的草地》两课学习表达方法，“交流平台”梳理总结表达经验，“初试身手”

①课例《搭船的鸟》在2018年山东省东营市小学语文教学能手课堂评比中获得第一名，根据该课例撰写的论文《搭船的鸟——用心观察给写作带来的好处》获得2019年山东省教育教学信息化大赛一等奖。

初步尝试运用表达方法，习作例文引导学生感悟和积累经验，单元习作呈现本单元的学习成果。摸清了教材的梯度设计、文本的编写意图和学生的学习经验等内容，我们便能开出精准的方子，确定本课的重点目标：引导学生感受作者观察的细致，初步体会留心观察的好处。在此基础上，设计出科学、全面、个性化的教学目标——

1. 认识“父、鹦”等4个生字，会写“搭、亲”等13个生字，会写“母亲”等11个词语，读准多音字“啦”。

2. 通过描写翠鸟的语句，了解“我”对翠鸟的外貌、动作所做的观察，感受“我”观察的细致，初步体会留心观察的好处，发现和亲历观察之美。

3. 尝试将学习收获运用到自己的观察中，观察积累素材，为单元习作做好准备。

二、疏浚教学流程

教学本课时，可先引导学生整体把握课文内容，想想“我”观察了哪些事物和场景，说说是从哪里看出来的。再让学生重点学习第2、4自然段，通过圈画语句、一边读一边想画面、感受情境等方式了解“我”对翠鸟的外貌、动作等所做的观察，感受“我”观察的细致。然后结合观察实践，写一写观察记录单，谈一谈观察所得，为单元习作做准备。本课教学使用两个课时。

板块一：整体把握“留心观察”，发现留心之美。

1. 自读课文，自主识字，遇有难字，同桌互助。生字生词粗知大意即可。

2. 集中指导要求会写的字。

3. 再读课文，想一想作者对哪些事物或场景做了细致观察，说说是从哪里看出来的。学生发现雨天的场景、翠鸟的外貌和翠鸟捕鱼时的样子三个方面后，适当创设诗意情景，如：斜风吹雨打船篷，一阵疏来一阵忙，美不美？鸟在船头站，船在画中游，美不美？嘴红毛绿藏江中，不怕雨来不怕风；忽然穿破清波水，衔出小鱼吞口中，美不美？连设三境，连发三问，引领学生登作者之“船”，赏景物之美。

板块二：重点感受“细致观察”，亲历细致之美。

1. 了解“我”对翠鸟外貌的观察。

（1）翠鸟的外貌给你留下了什么印象？自读，思考，交流。（漂亮）

（2）边读边想象，并观察课文插图，说一说翠鸟的样子。可创设趣味情境：请你来夸夸翠鸟吧。

（3）引导学生归纳观察内容。你们都是从哪些方面观察翠鸟的？（整体看身形、部位看形状、细节看特征）

2. 了解“我”对翠鸟动作的观察。

（1）翠鸟捕鱼时给你留下了什么印象？自读，思考，交流。（动作敏捷）

（2）找一找哪些词语体现了翠鸟动作的敏捷？以旁批的形式写一写你对词语表达效果的看法。

（3）结合课后第2题，聚焦动词，边读边想象画面，说一说翠鸟捕鱼的情形。可创设趣味情境：假如你变成了翠鸟，说说你是怎么捕鱼的？

（4）学生自主归纳观察技巧。如：观察时要细致一些，不仅可以用眼睛看，用耳朵听，还可以用手摸，用鼻子闻，有时还可以尝一尝（学生“化身翠鸟”，知其声、嗅其味、感其情）；观察时要注意事物的变化，要有一定的观察顺序。

板块三：初步体会“观察的好处”，收获观察之美。

1.“作者留心观察，发现了（　）；如果我们也（　），就会有很多新发现。作者细致观察，了解了翠鸟的（　）和（　）；如果我们也（　），就会对事物有更多更深的了解。”基于上一环节的观察所得，引导学生通过填空说句子，对“观察的好处”产生初步体会。

2. 反观课文，对比“平常的旅行”与“奇妙的体验”。我们发现，把“平常”化作“奇妙”的魔法之手正是“观察”，板书“平常—观察—奇妙”。对“观察的好处”产生整体体会。

3.“我观察过（　），了解了（　）。我观察过（　），学会了（　）。我观察过（　），获得了（　）。”学生联系生活经验，对“观察的好处”产生切身体会。

板块四：尝试运用“观察的收获”，奠基习作之美。

1. 了解观察素材，补充观察要素。观察素材一“小鸟变脸”：十几位摄影家，用了整整62天，在湖北省建始县拍到变脸鸟。这种鸟是世界上唯一一种喝水时会害羞的鸟，非常珍贵，难得一见。观察素材二“鱼吃莲花”：一位摄影师用善于观察的眼睛，记录下了九洲湖“鱼吃莲花”的瞬间。热爱观察、摄影与写作的人们从全国各地赶往九洲湖，一睹美景。

2. 学习文中的“我”，对素材进行细致的观察。一边观察，一边填写观察记录单。（播放视频）

3. 小组交流观察记录单。在教师的指导下比一比，评一评，改一改。

4. 教师在课前对观察中可能出现的问题进行预测，适时点评。如：观察的方面比较少，还写不清楚；观察的方面很多，但是不够细致；没有观察场景等。

板块五：小结，作业。

1. 请同学们根据讲评，结合观察，进一步丰富观察记录单的内容，随时记录自己的观察结果，为单元习作积累更多的素材。

2. 阅读《观察瀑布大比赛》。你认为谁的观察最细致？以旁批的形式，写下你的理由。

3. 结语：“生活中不缺少美，只是缺少发现美的眼睛。”只要留心观察，普通的土壤也会生长出鲜艳的花朵，像艺术家罗丹一样；只要留心观察，平常的事情也会发生奇妙的体验，像文中的作者一样。愿我们在习作中发现留心之美，亲历细致之美，收获观察之美，奠基习作之美。擦亮发现美的眼睛，我们的生活也将从平凡变得美妙。

三、反省关键节点

习作课文要定好位。像本课一样，多数习作课文都是一个特殊的媒介，让我们感受、跟学、借鉴和仿写。认清这个大方向，才不会做无用之功。《搭船的鸟》一课纵横交汇，以点带面，“观察”筑习作之基；化繁为简，执简驭繁，“目标”定教学之位。所谓“纵横交汇”，指的是教材纵向的梯度和本册横向的编排交汇于本课这一节点，以及由此所产生的教学认知。

笔者对本课的教学认知有三。第一，三年级的习作要与二年级的写话自然衔接，平稳过渡，因此习作要求应该定位在“写清楚”，而非“写具体”，避免定位不准、拔高要求；第二，要让学生从接触《搭船的鸟》之初就体会到，习作是为了与人交流，要清楚表达自己的意思，让别人听明白；第三，要引领学生突破“我”的观察范围，结合图片与生活经验，借助联想与想象，观察到作者未曾触及的更多方面，保持教学目标的开放性，从而避免有限的文本和过度的指导束缚了学生的思维灵性。

习作教学要选好材。习作课文的教学内容要站在课程的高度去检视，站在“册”的平面上去理顺，立足单元整体去整合。《搭船的鸟》可以整合的单元教学内容如下：

1. 篇章页名言：生活中不缺少美，只是缺少发现美的眼睛。——［法］罗丹

2. 篇章页语文要素：（1）体会作者是怎样留心观察周围事物的；（2）仔细观察，把观察所得写下来。

3.《搭船的鸟》重点段落：第2、4自然段。

4.《搭船的鸟》课后题。（1）读课文，想象作者对哪些事物作了细致观察，说说你是从哪里看出来的；（2）读下面这段话，注意加点的词语，想象翠鸟捕鱼的情景。

5.“交流平台”中的“观察的好处”、初试身手中的观察案例。

6. 习作例文中的旁批手法。

7. 单元习作中的观察技巧。

有效整合以上教学内容，一要在课堂导入时利用篇章页揭示主题，渗透观察意识，点明语文要素，为学生学习创造一个更大、更全、更深远的单元虚拟空间；二要以课文为观察素材，以课后题为思考导向，引导学生跟随“我”的目光进行间接观察；三要将“交流平台”、“初试身手”、习作例文等板块中的方法与技能引入本课教学中，引导学生初步体会、初次尝试、初次思考，以求更好地达成本课目标。在后期的教学中，教师再针对这些板块进行更加集中的教学和更进一步的训练。

用好“说、画、借”，写出趣味来

写作能力是学生认知水平和语言文字表达能力等综合素养的体现，写作兴趣是小学生写好作文的重要保证。王荣生老师在描述写作时说：“写作是特定语境中的书面表达，写作活动是特定语境中的语篇构造。”[①]学生的写作兴趣并不是与生俱来的，这就需要基于学情创设语境，安排活动，布置写作任务，唤起学生写作兴趣。

一、作文“说”出来

在教学中，我们往往会遇到学生写作文时不知所云，课下交流却妙语连珠的情形，鉴于学生的这一特点，笔者尝试以“说”为支架来引导写作。朱永新先生也曾指出“说”的四大妙用：“以说促想，以说练听，以说带读，以说助写。”[②]

为了让学生想说话、有话说、敢张口，笔者设计了“三分钟即兴表达，人人争当小‘说’家”活动。所说话题有的随机而定，有的提前一天选定。比如刚刚上完体育课，教师走进教室，说：“上一节是体育课，今天上课前三分钟，让我们说一说上体育课的感受吧!”这样的话题源于学生亲身体验，并且足够开放，学生的话匣子很容易打开。

课前三分钟，我们说语文、数学课，说美术、体育老师，说同学间的交往，说周末假期，说梦境与理想……各式各样的主题使大多数学生愿意说。这三分钟里，让每个学生尽可能多说，教师耐心倾听并给予适度的肯定。因此，每个学生都敢说，都能说出真实的感受，教师也可以享受一场场口头表达的盛宴。

有了定量的“说”为基础，我们开始尝试“说”日记或者自拟题目“说”作文。借助网络平台和软件，学生可以在家用视频软件或“荔枝FM”“喜马拉雅”等音频软件把“说”的内容记录下来，自己反复听，不断纠正，趋于完善。对于这种训练，学生热情高涨，班级QQ群里经常几分钟传来一个故事，几分钟传来一段感受。学生还

①王荣生.语文课程与教学内容[M].北京：教育科学出版社，2015.
②朱永新.朱永新教育作品[M].北京：中国人民大学出版社，2012.

可以用手机软件将语音转化成文字，不需要奋笔疾书。短时间内，一篇新鲜的作文便可出炉。

二、作文“画”出来

谁说作文一定要“写”？“画”出来的作文也别有一番趣味。

（一）利用绘本画起来

课标对低年级写话有明确规定：对写话有兴趣，写自己想说的话。低年级学生的思维大多以形象思维为主，部分学生正在向抽象的逻辑思维过渡。日本图画书研究专家松居直说：“文字+图画=带插图的书，文字×图画=图画书。”①绝大多数学生喜欢上美术课，笔者将学生的这一爱好与写作结合起来，让学生进行涂鸦式习作，从读懂绘本到自己制作图画书。当涂鸦遇上文字，学生兴趣盎然地拥有了一种全新的表达方式。

图1　学生制作的图画书

（二）利用思维导图画起来

低段小学生的习作以记叙文居多，故事的六要素比较容易在文中体现。如果只搭好骨架，而没有丰富的语言材料作血肉，文章缺乏细致美。怎样才能将“话”中的

①松居直.我的图画书论[M].郭雯霞，等译.乌鲁木齐：新疆青少年出版社，2017.

重点句子写得详细、具体又富有文采呢？笔者借助思维导图，比较形象地呈现写景、写人、状物等描写构思的着力点。例如写《我的狂人老爸》，用思维导图画出老爸三“狂”，不但可以理清创作思路，还能指引学生找到合适的着力点，进而写出真情实感。

图2　学生绘制的《我的狂人老爸》思维导图

三、作文“借”出来

（一）向教材“借”

写作教学的主阵地是课堂，主要的习作任务来源于单元习作，因此日常教学活动需要依托教材，学习积累语言和表达方式。想让学生感兴趣，而不只是局限于单元习作时的练习，还要尝试向课文“借”题材。

学习统编本语文教材三年级上册《大青树下的小学》一课，我们便以《少数民族的节日》和《少数民族的服装》为题，分别进行了两次习作练习。学生们对少数民族的节日和服装充满了好奇和向往，乐于自己查阅资料、整理成文并展示。学习了《花钟》一课，我们便仔细观察生活中的花，以《花的话》为题，为花“代言”，为时一周，以作文形式记录观察所得，选择相同观察对象的同学互相交流，一周后在课堂上集中展示。在这样的练习中，学生们不但尝到了动脑、动手的乐趣，而且激发了写作热情。

《品德与社会》教材中的小诗也不能放过，笔者与学生借此合写了一首充满童趣的现代诗——《和风在一起》：“你见过风吗？你没见过我也没见过，但我知道，当妈妈用车载着我，头发被吹到嘴里的时候，风，正从那里经过（罗静仪作）。你见过风吗？你没见过我也没见过，但我知道，当树叶被卷起来的时候，风，正从那里经过（孙宏坤作）。你见过风吗？你没见过我也没见过，但我知道，当我的帽子要飞走的时候，风，正从那里经过（周蕴铎作）。你见过风吗？你没见过我也没见过，但我知道，当我举着风车，风车转动的时候，风，正从那里经过。你见过风吗？你没见过我也没见过，但我知道，当窗帘鼓起肚皮的时候，风，正从那里经过（刘俊杰作）。”

（二）向微电影“借”

很多教师在习作教学时建议学生启动多种感官，运用或引用好词佳句，这样才能将事情写“生动”。其实生动不只是言辞方面的问题，生动的核心是具体，只有写具体才能写生动。

优秀的微电影具有独特的魅力和吸引力。笔者从一些获奖的动画短片中选出适合学生看的，“借”来丰富学生的习作素材。我们给无声电影加上对话，或者试着还原故事。《甜蜜的茧》《月神》《神奇飞书》《鹬》等微电影，使得一个个精彩的故事从学生们笔下生发。例如《甜蜜的茧》，学生最感兴趣的是毛毛虫想尽办法进入茧里的情节，他们被诙谐的毛毛虫逗得哈哈大笑。反复观看这一片段后，学生明白了：真正打动人心的不是华丽的语言，而是细节的处理。我们尝试创写剧本，让故事的画面感十足。

优秀的微电影中，经典的画面、精彩的对白，无不丰富着学生的语言积累，通过看与听的感官并用，成就好作文。

写作于课内，得法于课外。写作任务设计与学生实际生活相吻合，是提高学生写作兴趣的关键。我们要更多地利用与学生生活相关度较高的真实情境来设计写作任务，同时还要关注学生精神情感方面的需求，尝试让作文“说”出来、让作文“画”出来、让作文“借”出来，唤起学生写作兴趣，激发他们的写作热情，使其真正体会写作的意义。

（本文与程亚男合撰，发表于《语文教学研究》2019年第3期，有改动）

人物写作两要素：背景和故事核

人物描写是小学高段写作练习的常见形式。学生在进行人物描写的过程中，多数会运用直观、感性的认知手段填充人物形象，人物形象真实可信，有现实的说服力。但因为学生的理性思维不够成熟，认知水平相对较低，写作技能薄弱，不能理想地进行描写和描述，所以很多学生并不能成功地完成一篇写人作文。心智水平和思维能力一时难以改善，因而学生应当扬长避短，在描写技巧等更易提升的方面下功夫，提高作文含金量。

凭借多年的写作经验，笔者总结了人物写作的两个要点——人物背景和故事核。

一、人物背景

很多语文教师想当然地认为，针对人的描写是写人作文的关键，其实不然。作文中人物形象塑造的成功，首先取决于人物的背景。人物背景，是指作文中的主人公所处的社会环境、自然环境，所经历的具体事件等，也就是发生故事的背景。打一个简单的比方，一个小姑娘在垃圾场边拍的照片，让人感到百分之五十的美丽；在家门口拍的照片，让人感到百分之百的美丽；在高山之巅拍的照片，就会让人感到百分之一百五十的美丽。小姑娘的样貌并未变化，变的是衬托她的环境；背景变了，我们的感受就为之升华。同理，作文中的人物背景也是描写人物的重要前提，它就像电视剧的前情回顾，非常有用。

笔者曾经让学生写“穷人”主题作文。一个学生如是描写：“我每天都能在街头看到一个乞丐，他衣衫褴褛、瘦骨嶙峋、脸颊深陷，可怜兮兮的样子，一看就没吃过饱饭，他该有多穷啊！”这是一段形象细致的描写，介绍了乞丐的外貌，还通过自己的心理描写从侧面强化了乞丐“穷”的特点。按着，小作者又在主体段落描绘了乞丐每天跪地乞讨的情形，全文运用了各种人物描写手法。然而，这篇作文却显得疲乏无力，因为它没有为主人公设置一个有力的背景。笔者提示了这位同学，于是他在第一段后、主体段落前添加了一段背景描写。改文如下：“他时常在路口的肯德基店门口跪着，直到晚上九点多。有一年冬天下了雪，暖和的餐厅里十分热闹，大家都不愿侧头看玻璃窗外的乞丐，好像会影响食欲似的。保安说，他已经饿了两天肚子。听着窗外的北风呼啸，我再也吃不下去了。”这一段背景描写非常精彩，正面描写极少，把乞丐的处境衬托得十分到位。首先，交代了乞丐乞讨的地点和时间，说明乞丐长时间没有讨到钱；其次，餐厅的温暖和室外的寒冷形成鲜明对比，凸显了乞丐的悲惨处境；最后，通过保安的话进一步展现乞丐的饥寒交迫。这一段不需提一个“穷”字，我们便已知道这是个彻头彻尾的穷人。这就是背景衬托的妙处。背景衬托相比于一般的侧面描写，更加全面、更加具体。

二、故事核

故事核，也就是人物身上发生的主要情节。在描写人物过程中，肖像描写反映主人公的外貌，表情描写反映主人公的情感，动作和语言描写反映主人公的行为意愿，心理描写有时能反映主人公的心境。围绕主人公的事件描写则能反映主人公的性格。一些人认为，散文和诗歌注重语言和修辞，故事、小说和戏剧注重情节。这样的看法有些简单。其实，散文特别是教材中的写人记事类散文尤其注重故事情节，否则就会陷入长篇大论、空洞无物的误区。如果没有适当的故事核，就不能深刻反映主人公的本质，也就实现不了写人作文的写作意图——刻画人物本质，传达中心思想。人是在生活中展露价值的，鸟是在飞翔中锻炼翅羽的，作文的主人公是在动态事件中体现灵魂的。

关于这一点，从经典散文中可见一斑。余秋雨的散文文化气息浓厚，空灵深远，独具一格，清新自然，颇具风骚。其得意之作《都江堰》共分四个章节，第一、二章节都是铺叙式的背景衬托，不可或缺；第三章节嵌入故事核，是引人入胜的文章高潮。作者把精彩的历史故事打破、重组，通过个性语言和独特思考，在旧事讲述中形成新的思考。在最后一节，作者抚古追今，终使全文情景交融，完美收尾。文中的故事核是李冰修建都江堰。这是一个激起读者兴趣的历史故事，作者对旧故事翻修改良，完成了崭新的叙述。在填充这个故事核的过程中，人物的性格特点、行为事迹、灵魂品质全部渗透出来，展现在读者眼前。

“他开始叫人绘制水系图谱，总结出治水三字经……他的这点学问永远水汽淋漓……站在江心的岗亭前，‘你走这边，他走那边’的吆喝声、劝诫声、慰抚声，声声入耳。他筑堰的指令，智慧、仁慈、透明。有了一个李冰，神话走向实际，幽深的精神天国，一下子贴近了大地，贴近了苍生。”①这一部分寄人物描写于事件发展中，通过人物行动反映了主人公的人格全景和深刻意义，无须特写、详写，李冰的形象已呼之欲出。

良好的人物背景是优秀写人文的“半壁江山”，新颖独特的故事核是成文的关键。以时代或空间大环境、具体时间和地点小环境、反映人物性格本质的事件等构成的整体人物背景，是写人作文的必备元素。作者根据以上背景嵌入故事核，开始描写人物。这一过程有虚有实、寄情于事，最终情景交融、化为一体。简贞的《四月裂帛》《渔父》便是最鲜明的例子。

（本文发表于《成长·读写月刊》2014年第1期，有改动）

①余秋雨.文化苦旅[M].武汉：长江文艺出版社，2014.

写作文，要让学生自己踏出一条路

生本教育是以学生为本的教育，是从学生思维角度出发的教育。2012年，笔者是二年级语文教师，也带五年级品德与生活课。五年级的孩子喜欢和笔者交流，几个爱好创作、写诗作文的学生常常向笔者请教。因此，我们专门成立了“河边小屋”文学社，取意“黄河之边，小屋宁静”。

在我们这个小社团里，从不布置命题作文。当时的考虑是，教师脑袋里想出的东西，不一定适合学生。听过一个小故事：大楼前一片草坪，施工方不知该在哪儿铺设一条穿越草坪的小路，于是有个聪明人出了一个好主意，先不修小路，由着大家去走，哪个地方的草被踩光了，说明大家最喜欢走那里，那就是最合适的路，路就修在那里。

指导学生写作也是这样，与其给他们一个严格的范畴或题目，不如让他们按照自己的兴趣和想法去踏出一条路，然后教师根据他们的足迹制定一个宽松合适的写作计划。事实证明，这样做很有效果。如果当初文学社搞硬性创作，那就剥夺了学生的创作自由。学生创作自己喜欢的东西，然后拿给教师看，教师做出布局、修辞、意象方面的指导。

五年级的孩子正是爱写诗的年纪。一班的张素洁同学写过一首诗，请笔者批评。我们商议后，她又修改了诗作。诗作的题目是《早安，校园；早安，大树》——

风犹在酣睡（原词为“睡觉”，教师提议“睡”得深一点，改为“酣睡”）

几张跃动的笑脸

大树已经惊觉（“惊觉”原为“醒来”，后改）

是一只鸟扑棱棱的翅子（“扑棱棱”原为“美丽”，教师提示：“美丽”无声，换个生动的词语）

点亮校园的第一阵铃（“点亮”原为“伴随”，教师提示：此处可使用通感）

我看见晨读的音符

阳光撕裂云帛的呐喊（这一句是教师所加，为了展现清晨景物的气象）

还有季节窸窣的步子的“哒哒”声（“窸窣”以前学过，象声词是学生自己所想）

都降落在此

为满树干涩的枝丫——为希望

驻足

祈福

在这早晨

一个无声的冬日

是我们用吻

敲醒大地的脸颊（“敲醒”原为“吻醒”，教师认为“吻醒”与上句重复且俗气，建议学生换成其他动词）

好美的同桌

那一抹腮红

瞬间皴化为东方云霞（“皴化”原为“化作”，学生后自改之）

晨光熹微

大树扇动着翅膀（特别欣赏这一句，充满了少年看世界的惊奇目光，小诗人很棒）

气息涌流

少年的光芒

老师说

一切的美丽

从心而来……（学生已经开始关注自己的内心）

简单说说这首诗的创作背景：2012年12月18日，笔者与学生同读某杂志，学生对卷首诗歌颇感兴趣，笔者和大家浅谈了诗歌比喻、拟人、通感的修辞手法；次日，张素洁同学主动作诗《大树》，经与笔者商改，完成诗作《早安，校园；早安，大树》。诗作完成后，张素洁同学很高兴，后来又创作了不少作品，再一次印证兴趣是最好的老师。

作文兴趣小组或者文学社的指导要本着“生本”原则，因势利导。从学生自发的创作出发，从学生的实际水平出发，从学生的兴趣出发，耐心指导、平等探讨、循循善诱、共同推敲。以学生自己的创作愿望和写作理想为指导目标，让学生自己踏出一条路，教师做他们的“领航员”。

（本文发表于《成长·读写月刊》2013年第1期，有改动）

第四辑

综合学习：环境、习得、生态

教弟子如植木，但培养浇灌之，令其参天蔽日，其大本可为栋梁，即其小枝亦可以为小器具。今之教者，欲其为几也，即曲折其木以为几，不知器是做成的，不是生成底！迨其生机不遂，而夭阏以至枯槁，乃犹执夏楚而命之，曰：“是弃材也，非教之罪也！”呜乎，其果无罪邪？

——王筠《教童子法》

小学低段读写习得教学法研究与实践

阅读与写作是语文教学的重要组成部分，也是语文实践应用的重要途径。小学第一学段（1—2年级）是读写教学的关键时期，这一时期的读写经历在学生形成终身读写能力的过程中起着奠基作用。《义务教育语文课程标准（2011年版）》在第一学段提出“喜欢阅读，感受阅读的乐趣”“课外阅读总量不少于5万字”和“对写话有兴趣，留心周围事物，写自己想说的话，写想象中的事物”“在写话中乐于运用阅读和生活中学到的词语”等要求，在写作教学的实施建议中提出“要重视写作教学与阅读教学、口语交际教学之间的联系，善于将读与写、说与写有机结合，相互促进”等要求。

然而，目前小学第一学段（下称“小学低段”）语文课堂中存在着这样那样的问题。有的教师认识到阅读与写作教学实践的重要性，应该引领学生多读多写，但实际上分配给学生阅读与写作的时间、提供的有效引导比较少。有的教师认为小学低段学生应以识字写字为主，置读写教学于一旁，片面追求生字认、写等知识讲解或答题技巧传授，以期获得短暂的成绩效益，忽视了小学语文的学习规律。有的教师了解语文教学读写“两张皮”的窘境，却不能将读写结合理念转化为语文教学的有效手段。有的教师虽然有读写教学意识，借助读写作业或者阅读打卡等强制或鼓励的手段推进读写学习，但往往不得其法、未见其效，一曝十寒、务于虚声。有的教师在进行低年级读写教学时，不能有效整合听说读写活动，造成听说读写四方面不相融合、各自为战的问题。有的教师热衷于课堂上的读写训练，忽视读写作为一种生活活动的属性，把读写“关”在语文课堂中，缺乏综合性学习理念和社会实践应用意识。有的教师把小学高段的读写教学方法运用于低段学生，学生“水土不服”，读写效率低下。

基于以上问题，笔者于2017年9月到2019年3月开展了读写习得教学实验，解决了一部分读写教学中的常见问题，取得了一定的成效。本文拟从小学低段读写教学的特征入手，试图以个人的语文教学实践说明一种经过理论创新与实践验证后，行之有效的读写教学方法——读写习得教学法。

一、读写习得教学法的基本特征

读写习得教学法是笔者在进行读写教学实验的过程中暂为命名的教学法。其基本特征有两点。

第一，自然习得。语言学习存在学得与习得两种形式。学得指的是学生通过教师的讲解和自己有意识的练习与记忆，最终理解和掌握语言。学得具有明显的计划性、可预测性、可测试性和即时性；习得是在真实情境中潜移默化，无意识地学习、使用并掌握语言。在习得的过程中，学生的注意力集中在语言的本身意义、交往价值、诵读的乐趣或审美的体验中，而不是在语言形式与运用技巧方面。语言习得具有随机性，不易测试，没有立竿见影的效果，但一旦习得就不易忘记。就读写学习而言，阅读是吸收，写作是倾吐。如同一呼一吸，学法自然，教法也自然。读写学习是由少到多、由浅到深、由窄及宽、从偶然到常态的自然发展过程。读写学习作为语文实践，只有在真实自然的生活情境中、在与他人的互动中才有作用和意义。具备这种习得特征的读写学习，就是读写习得。一年级学生在入学之初仍然处于“读写萌发”①时期，基本没有书面表达的经验，更容易从包含读写行为的真实活动中学习读写，也就是读写习得的学习方式。

第二，间接、隐性、完整的读写目标。读写习得活动中并不强调明确的总体目标和具体目标，只是创造情境，让学生充分享受读书的乐趣。教师适度加以引导或启发，并不为了追求目标而伤害学生兴趣。在常规目标之外的读写兴趣有很多，比如齐声读的熏染之趣、合作读的默契之趣、个人读的咀嚼之趣，读短文的小品之趣、读长篇的连续之乐、读组文的主题之美，读故事的惊喜、读童话的优美、读散文的清雅、读诗歌的激情，吟诵的节奏之美与情感之美、诗歌的音韵之美与意境之美，飞花传令的思维之趣、曲水流觞的品题之趣、指物为诗的即兴之趣等。我们应让学生享受读满自溢的自然流露式写作之趣、有感而发的生活记录式写作之趣，技痒难耐的竞技娱乐式写作之趣、出于交流需求的应用式写作之趣。这些阅读与写作活动多发于自然、完整、真实的生活情境中，而不是发生在为读而读，为写而写的训练课上。关于读写的知识、能力与情感目标是间接的、隐性的、完整的。

---

①玛丽·克莱.萌发的阅读行为[D].奥克兰：奥克兰大学，1966.

二、读写习得教学法的原则

读写习得教学法以创设自然、真实、有意义的读写情境为原则。一个人格魅力出众或者人文底蕴深厚的教师能够深刻熏陶学生，就是因为学生在师生交往的情境中受到感染，习得其品质、知识或思维。与学得相比，习得的读写能力更加深刻、全面。我们强调读写的自然习得，并不是说完全由学生自动读写、自主成熟，而是要先行创造合适的情境，提供相应的指导。在读写学习过程中，学生应该感到读写活动的自然有趣、真实有用，以及阅读与写作在活动中的意义。学生参与活动是主动的、自愿的、充满认可的，而不是为了应付教师的要求，被迫回应教师的想法，取悦于教师或者希望得到某种奖励。这就需要教师与学生共同创造一个自然、真实、有意义的读写情境，使学生产生安全、满足、放松的情感和相对积极的态度。

（一）创设具有丰富读写资源的物质环境

包括提供适合小学低段阅读的图书，鼓励学生以各种方式阅读。提供读写的相关设施，创设优质空间。实验班级开班时有39人（二年级下学期达到44人），教室面积约80平方米。为创设物质环境，笔者将教室分为前后两个区域。第一区域为常规教学区，布置黑板、多媒体、学生桌椅、39个学生个性读写记录收纳盒，收纳盒中存放每个学生的个性读写记录本和近期在读的书籍。个性读写记录本主要为阅读情况和写作内容，教师在记录本上主要记录年、月、日、时等具体的学生阅读时间，难、易、疏、熟等学生阅读掌握程度，以及对学生所写内容的评价和建议；学生主要记录书名、篇章、页码、字数、感兴趣的词句等阅读信息，读后感、写话、习作等写作内容。第二区域为自然读写区，主要布置书架、沙发、坐垫、休闲桌椅和盆栽花卉。用5到6盆大型花卉与第一区域区隔，30余盆中小型花卉错落环绕于第二区域，形成相对独立、安静、舒适的读写空间。两组书架的顶部摆放小型花卉，中部24个方格放置图书，下方24个抽屉放置坐垫。学生可随手取用坐垫，或于架前平台上写作，或任意择地而读。沙发和休闲椅均可自由落座读书，轻声交流。师生共同参与图书分类、标签制作与后期的图书更新、替换、修补、日常整理等工作。笔者和学生依据《义务教育语文课程标准（2011年版）》附录2的图书分类，分出“绘本”“童话”“儿童小说”“自然科学”“故事”“校园生活”“传统文化”“教师图书”等12类图书，共约300册，种类丰富，主题多样；制作12枚标签，按类索骥，随取随还。

（二）创设师生共同读写的真实情境

拥有丰富读写资源的物质环境能引起学生的关注和兴趣，让学生产生舒适、轻松和满足的情感，激发其参加读写活动的愿望和部分学生主动读写的行为。但是，环境本身并不能发展学生的读写能力。教师要通过示范读写、与学生共同读写以及指导学生读写等活动，创造真实的读写情境，把学生引入环境中，让学生“生长”在环境中，学生才能在自然的读写活动中习得相关知识、能力和态度。笔者在完成读写环境建设后，定期到第二区域选书、读书、还书，并做笔记或者写下读书时触发的灵感妙句，与周边学生交流。通过读写示范，潜移默化地教育学生应用环境开展读写活动。久而久之，当笔者落座读书时常有学生主动亲近，环坐周边，期待分享师生同读的乐趣。此外，在学生读书有疑时适时地为其解疑，在学生读书无疑时适当地启发疑问，既让学生获得比较自然的引导，又不会感到读书困苦、无趣，或者因为设定目标而感到时间紧迫，以致无法享受读写的自然过程。2018年，实验班级学生进入一年级下学期，在第二区域读到《华兹华斯诗选》之《咏水仙》，几人围绕“水仙有那么美吗”展开讨论。笔者告诉学生，多读一读就知道水仙有多美，并与学生同读，越读越感到水仙之美、诗歌之美、童声之美、情谊之美。师生遂同行至学校一楼大厅，一边欣赏书法练习桌上的两盆水仙，一边情不自禁反复齐诵《咏水仙》。此时，大型落地玻璃窗外大雪如席、纷纷扬扬；室内，一众学生天真烂漫、齐声吟咏；桌上水仙勃然怒发、香远益清。一时间情景交融，心领神会，成为师生同读中的经典一刻。

（三）创设自然和谐的人际交往环境

教师要多与学生聊天，聊天就是“听”“说”的实践运用。“莫谈国事，只论风月”，切忌在聊天中直接传授语文知识与技巧，询问或考查学生的学习情况，以师者的姿态进行训教等。聊天时心平气和，师生彼此尊重，谈一些与语文相关的轻松话题，在听说中自然渗透读写。教学叶圣陶的《瀑布》后，学生在课下聊天中发问：“老师，叶圣陶笔下的瀑布和《望庐山瀑布》中的瀑布是一座瀑布吗？”此问题与语文的关系不大，笔者引导学生切换思维：“我不清楚是不是同一座瀑布，但我知道他们笔下的瀑布有一个共同点。”学生说，那就是美。由此，师生自然而然展开了一场关于“瀑布之美”的聊天——

李白观察的庐山瀑布是：“日照香炉生紫烟，遥看瀑布挂前川。飞流直下三千尺，疑是银河落九天。”学生旅游时看到的瀑布是：“瀑布很响、很凉爽！瀑布落到石头上，激起的水珠打到我们脸上，凉丝丝的。’笔者即兴援引《西游记》中关于花果山瀑布的描写：“众猴一齐跑来，见到一股瀑布飞泉。但见一派白虹起，千寻雪浪飞……海风吹不断，江月照还依。众猴拍手称赞道‘好水，好水！’”学生又联想起叶圣陶笔下的瀑布，多人主动齐诵：“还没看见瀑布，先听见瀑布的声音，好像叠叠的浪涌上岸滩，又像阵阵的风吹过松林。山路忽然一转，啊……”师生所聊的都是生活经验、教材所学或者拓展阅读的内容。师生边聊边诵，有思有“鸣”，不仅更加留心生活，发现了大自然的神奇美妙与无私馈赠，更深切地感受到了诗文的生动与形象，在无意中积累了喜欢的语句，完成了语言的建构与运用，而且还完成了一次师与生、生与生之间亲切的情感交流，优化了自然和谐的人际交往环境。

三、读写习得教学法的基本策略

读写习得教学法以整合阅读活动与写作活动、整合日常读写活动与专门读写活动、整合口语表达与书面表达为基本策略。

（一）整合阅读活动与写作活动

阅读与写作是语文学习过程中两项至关重要的活动。两者密切关联，不可分割。缺乏写作元素的阅读不能深入文本，探微镜理；缺乏阅读元素的写作难以取材立意，造境求真。“口不绝吟于六艺之文，手不停披于百家之编”①，唯有阅读才能打下写作之基础；“陶冶性灵存底物，新诗改罢自长吟”②，唯有写作才能促进阅读之体会。目前，小学低段学生存在读写分离情况，多数表现为爱读不爱写，或者只读不写，阅读活动贯穿课堂内外，写作却仅限于教材安排的写话活动或者写话类课后题。俗话说，读十篇不如作一篇。读写习得教学法要求整合阅读活动与写作活动，促使二者的自然融合与互相促进。在读写习得教学实验中，笔者将读诗与写诗融为一体，将读书与写话融为一体，以读促写，以写促读，听说互动，读写结合。

读写记录分享是整合阅读活动与写话活动的典型表现。学生主动记录一节读写分享课的全部内容或者部分内容，并在以后的读写分享课上作为写话内容来分享。学生王呈琳写下《一次阅读分享会》并作课堂分享：“2018年12月26日，我们开了阅读分享会。同学们有的很积极，有的在认真听别人分享的内容。王嘉欣说到了酸甜苦辣，

①韩愈.韩昌黎全集[M].郑州：河南人民出版社，2018.
② 杜甫.杜甫全集校注[M].北京：人民文学出版社，2014.

她说‘有了苦才能有甜’，这句话让我深有感悟。有一个同学竟然写了‘我的坏朋友’，我真想问问他，既然很坏，怎么还是朋友？还有同学写到我们班的兔子，他们就是王文澈和刘桐羽。他们都把兔子当同学了。还有的同学仿写课文，写得都很好。张云分享了一句诗——‘今朝佛粥更相馈，反觉江村节物新’，可能和腊八粥有关。这次大会真有趣！”读写记录分享过程中，有人写有人读，有人说有人听，不但概括和回应了以往的读写分享过程，还锻炼了分享者搜集信息、处理信息和记录信息的能力，巩固和深化了其他学生对读写活动的期待、乐趣与信心。

（二）整合日常读写活动与专门读写活动

日常读写活动是学生日常进行的读写活动，包括每日班级诵读活动、时间自由的区域读写活动以及学生在校外的读写活动。专门读写活动主要指课堂读写活动。课堂读写活动的读写时间集中，读写行为一致，具有群体性和特设性。“读书如树木，不可求骤长。植诸空山中，日来而月往”[①]，日常读写活动在学生读写过程中发挥“聚沙成塔，集腋成裘”的长久功效。“邻曲时时来，抗言谈在昔。奇文共欣赏，疑义相与析”[②]，专门读写活动有利于在集中探究时兴观群怨，在交流有无中彼此启发。小学低段学生的日常读写活动多而杂乱，缺少及时引导和鼓励，常有读后即忘、择书不当、一本书读不完、读图不读字、过眼不走心等问题。小学低段学生的专门读写活动少而乏力，没有大量的读写实践做支撑，如同空中楼阁。学其理，久不明则昏；知其技，久不用则废。读写习得教学法整合日常读写活动与专门读写活动，能够在真实自然的情境中，以日常读写支撑专门读写，以专门读写指引日常读写，从而提高学生读写习得的效率。

统编本语文教材二年级下册《邓小平爷爷植树》一课要求说一说邓爷爷植树的情景，学生刘松瑞把“移入坑中，挥锹填土”这一部分说成了“邓爷爷把树苗埋在坑里了”。笔者问道：“埋的是什么？”学生齐答“树根”。刘松瑞脱口道：“对，立根原在此山中。”笔者惊奇地追问：“刘松瑞说的这句话源于两首诗，谁能猜出？”多位学生回答：“一句来自郑板桥的《竹石》‘咬定青山不放松，立根原在破岩中’；另一句来自贾岛的《寻隐者不遇》‘只在此山中，云深不知处’。”一问一答间，既体现出学生信手拈来的诗歌底蕴和即兴能吟的写话技巧，又创造了联想与想象的契机以及专门读写活动的开端。笔者及时设置了诗歌主题的专门读写活动。学生绕“树”

①法式善.梧门诗话合校[M].南京：凤凰出版社，2005.

②陶渊明.陶渊明全集[M].上海：上海古籍出版社，2015.

而谈，旁征博引。有的学生援引教材二年级上册中的“十年树木，百年树人”“树高百尺，叶落归根”；有的学生择诗而论，笔者随听随板书，总结如下：城中树（“绿树村边合”“客舍青青柳色新”“绝胜烟柳满皇都”）、水边树（“鸟宿池边树”“树阴照水爱晴柔”“杨柳青青江水平”“拂堤杨柳醉春烟”）、山中树（“霜叶红于二月花”“槲叶落山路”“咬定青山不放松”）等。学生日常读写活动中积累的古诗词在此次专门读写活动中厚积薄发，锻炼了联想与想象的能力，调动了已经建构的知识体系，又在与教师共同梳理和总结的过程中推动了思维发展与提升。此外，笔者在活动结束后牵引学生回归文本：“树无根不长，人无志不立。邓爷爷志大才高，连植树也是身体力行，正是我们学习的榜样。”一番诗话看似与复述课文的目标没有直接关联，却已经在语言建构、审美鉴赏、思维发展、文化传承等多个方面发挥作用，及时发现、鼓励和深化了学生的学习兴趣和情感，间接提升了学生的复述能力。

（三）整合口语表达与书面表达

口语表达与书面表达既有相通，也有不同。口语表达在于“声”，书面表达在于“形”；口语表达在于“说”，书面表达在于“写”；口语表达通俗、灵活、流利自然，书面表达规范、严谨、条理清晰。二者都属于表达，口语表达是书面表达的基础，书面表达是口语表达的升华。目前，多数小学低段学生口语表达与书面表达不能自然融合，主要表现为说得出，写不出；说一套，“做”一套。口语表达时有真情实感或者相对清晰的观点，书面表达时以辞害意，自相矛盾，为赋新词强说愁。有的学生书面语言相对成熟，却无法通过书面表达提升口语表达。有的学生在专门的语言训练课上可以融合二者，在日常生活中又使二者脱节。这些问题本质上都是在读写学得的过程中，学说归于说，学写归于写，教学相对生硬，目标单一而急于求成，顾得眼前，顾不得以后，写与说缺乏融于实践的环境。相较于读写学得，读写习得教学法整合口语表达与书面表达，旨在于真实情境中促进形与声相辅相成，说与写协调发展，引导小学低段学生从口语技巧走向书面规范，从口语语体走向书面语体，从口语价值走向书面价值。

在读写习得教学实验中，课堂读写交流是整合口语表达与书面表达的典型活动之一。学生付新浩的一次课堂读写交流内容如下：“我有一本书叫《河凡提》，很好看。这本书是中国故事，我很喜欢这本书。可是‘张老头’要‘偷’这本书，差点儿气死我。然后我把这本书要了回来。”他提到的同学“张老头‘偷’书”一事，同学们都有耳闻。笔者引导付新浩写下这件事，不拘形式和字数。他写了如下内容："我有一本《阿凡提》，特别好看。这本书里讲的都是中国故事，有趣极了！我很喜欢这本书。有一次，'张老头'正想'偷'这本《阿凡提》，碰巧被我发现。可把我气坏了！最后，我又把这本书要了回来。"学生基于兴趣和事实先说后写，在不自觉中规范了语言。

基于一个原则，应用以上基本策略，开展读写习得教学实验后，实验班级形成了两种主要的读写活动——课外读写活动和课堂读写活动。这两种活动虽然都基于读写习得教学法的实践而形成，但不是同时形成，也非完全并列，存在由外而内的事实关系。活动的性质、形式、内容与具体表现也不相同。笔者在下文中将分别阐述。

四、读写习得教学实验：课外读写活动

语文课程作为实践性课程，其生命力源于课外，其能力训练于课外，其应用回归课外。课外学习语文的资源和应用语文的机会无处不在，无时不有。教师要引导学生组织和运用资源，创造和把握时机。在读写习得教学实验之初，笔者最先尝试的就是课外读写活动。本文所指的课外读写活动不是狭义的课外阅读，而是非常规课堂以外的、基于真实情境与教师引领的读写活动。实验后期，我们形成了两个课外读写活动，一是晨午诵读活动，二是区域读写活动。这两个活动的基本策略可以概括为"读时以趣，写时以放，评时以圈，而后以引"，强调基于兴趣的阅读、大胆自由的写作、以圈点为主的正面评价和以引领为法的导学策略。"一个孩子每天往前走，他看见的是什么，那么它就会成为他的一部分。"[①]课外读写活动正是创造学生"往前走"的环境，打开学生四处看的"眼睛"，让读写成为学生生活的一部分。

（一）晨午诵读活动

教育部门多次提倡学生要多读古诗文。"好雨知时节，当春乃发生"，小学低段学生处于语言习得关键期，心惟口诵，含英咀华，沉浸于古诗词之中，有利于获取阅读母语精华的幸福感，改善人生底色，提升文化品位，陶冶审美情趣。实验班级诵读书目为《大声读：小学生古诗文诵读》。该书为青岛出版社出版，笔者上小学时幸逢此书，反复诵读，打下了比较坚实的文学根基，抃风舞润，饮水思源，不胜怀想而推

①惠特曼.鼓声[M].屠岸，译.广州：花城出版社，2012.

荐之。书中收录80余首古诗，基本包含了《义务教育语文课程标准（2011年版）》之《附录1：关于优秀诗文背诵推荐篇目的建议》中的75首古诗，编选经典，难易适中，内容丰富，回味无穷。

笔者将晨读10分钟、午写10分钟的晨午读制度调整为晨读20分钟、午读20分钟。初期教师引导，后期学生自主诵读，不设定背诵或默写目标。学生自主选择读法，可以集体诵读、个人自读，也可以伙伴同读、对读和赛读等。晨午诵读重在自然养成爱诗之情、感悟诵读之趣。

晨午诵读活动开始时以集体诵读为主，以其他诵读形式为辅。书中每20首诗词为一组，循序而读，周而复始。当70%的学生接近熟而生巧、熟而成诵的程度时，不必刻意追求背诵或者理解，直接过入第二组诵读。这样组组推进，诗词全部诵读完毕后，再进行全书“一杆到底”式诵读。需要注意的是，朗读非一日之功，成诵非一时之力。

集体诵读声洪音亮，气势惊人，诗词氛围浓厚，向学情绪高涨。此举能使昏昏欲睡者提起精神，使缺乏信心者鼓舞勇气，使心存懈怠者发生兴趣，使不识字词者习得音义，使不善阅读者形成语感，使朗读流利者焕发激情，使激情朗读者读出个性。男声与女声齐发，高音与低音一致，和谐的音韵之美、诗书的文化之味油然而生，逐渐浸润学生。在初读《念奴娇·赤壁怀古》时，学生出于第一次接触宋词的新鲜感，朗读时兴致勃发。笔者借机讲述赤壁之战、周郎之能，学生备受触动，带着理解与想象进行个人自读、伙伴同读、对读和赛读。自读者自得其趣，同读者寻其友声，对读者相映成趣，赛读者口若悬河。有的声音高亢激越，似要读出大江东去的磅礴气势、乱石惊涛的山川之险；有的声音欢快轻松，仿佛目睹小乔初嫁的旖旎风光、谈笑灭敌的壮观景象；有的声音低沉婉转，好像明白了词人早生华发的不幸、报国无门的悲哀。多种声音相得益彰，此起彼伏，集体诵之而不失个性之音，个性读之而不失和谐之味，真实自然，读中有情。叶圣陶说：“吟咏的时候，对于探究所得的不仅理智地理解，而且亲切地体会，不知不觉之间，内容与理法化而为读者自己的东西了，这是最可贵的一种境界。”[①]笔者所进行的读写习得教学实验，正是在探索与印证这种境界。

从晨午诵读活动衍生出一些趣味活动，如以字串诗（说出包含某字的古诗）、以景串诗（说出包含某景的古诗）、以意串诗（说出包含某种诗意的古诗）、校园行吟等。这些活动没有明显的读写标准，直接目标是引导学生感受积累之功，发现文化之美，经历思维之灵动，享受交流之乐趣；间接目标是为了让学生在没有压力的情况

①叶圣陶.叶圣陶教育文集[M].郑州：河南教育出版社，1989.

下，自然而然地习得读写。以景串诗活动由一位学生身为擂主，出题如“花”，自诵含有“花”的一句诗词，其他学生打擂，思索交流，乐趣无穷。校园行吟是师生同游校园，即兴吟诗。见什么景、吟什么诗、抒什么情，人在景中、景在嘴中，诗增景趣、景配诗情，最易体悟诗词意境。

以2017年1月的校园行吟活动为例。笔者与学生同游校园，飞雪漫天。一位女生主动朗诵《沁园春·雪》，豪情恣肆，由此开始一次雪日行吟。“千里黄云白日曛，北风吹雁雪纷纷”等熟悉诗句脱一人之口而出，引得全体师生情不自禁唱和。一时间，“柴门闻犬吠，风雪夜归人”的寂寞；“欲将轻骑逐，大雪满弓刀”的雄劲；“孤舟蓑笠翁，独钓寒江雪”的孤傲；“白雪却嫌春色晚，故穿庭树作飞花”的可爱，纷至沓来。师生见鸟说鸟，见树咏树；踏雪而行，诗情得意。

“记诵者，学问之舟车也。”①虽然实验班级不要求背诵，但学生熟而成诵，以诵为趣，以习得的形式积累了大量古诗词。在班级第一届“化羽杯”诗文诵读大赛（2019年1月14日）中，7名学生熟练背诵全书120首古诗词，21名学生熟练背诵70~120首古诗词，12名学生能够背诵20~60首古诗词；除1人外，班里学生均能熟读所有古诗词，并有相当浓厚的朗读兴趣；20名学生能就多数古诗词谈出个人的理解和感受；10余名学生主动进行过诗词仿写。朱熹在《训学斋规》中有言：“凡读书……须要读得字字响亮，不可误一字，不可少一字，不可倒一字，不可牵强暗记，只要多诵数遍，自然上口，久远不忘。”此话可以概括实验班级诵读活动的基本规律。

（二）区域读写活动

区域读写活动主要指依托或者发生在教室第二区域的自主读写活动。区域读写对学生来说是全新的阅读体验，区域环境直接影响阅读质量。阅读形式主要有示范读、朗读、诵读、个性读、同伴共读、自由读、连续读（长篇）、分类读、写后读、特殊默读等；写作形式有灵感写话（随时记录阅读的启迪、迸发的灵感）、兴趣写话、读后写话、兴趣小组写话等。笔者为实验班级设计了班级佳句本、班级读书分享本、个人阅读写话本、兴趣小组个人写话本等。

示范读主要指教师无意的、自然的阅读行为，不必刻意追求示范效果，教师通过长期的阅读熏陶学生，让学生自然而然受到感染和指导。笔者每周四在学校楼梯间轮值，大约40分钟。两年来，笔者常利用该段时间读《豪放词》《全唐诗》《海子

---

①章学诚.文史通义[M].上海：上海古籍出版社，2015.

的诗》等书。或者踱步细读，或者高声诵读，或者沉吟背诵，徜徉于楼道与教室第二区域之间。久而久之，学生亦步亦趋，学诵读之法，享朗读之趣，虽不甚解，颇得其乐。第二区域的相关图书均被借空，笔者欲读时还需向学生借书，后来发现多位学生能背《长干行》等长诗。这些诗歌并非要求背诵，只是笔者常读常诵，学生心向往之而自学。一位学生在笔记中记录："今天，我读了一本书——《海子的诗》。我喜欢其中的《月光》：'今夜美丽的月光，你看多好！……不要问桃子对桃花的珍藏，不要问打麦大地、处女和乡镇……月光照着月光，月光普照。今夜美丽的月光合在一起流淌。'前几天听老师读过《面朝大海，春暖花开》，也是海子的诗。我觉得海子笔下的月光非常美！"朴实的语言，真实的记录，不但反映了示范读书的直接效果，也反映出学生获得的珍贵审美体验。

同伴共读是两人同读一本书。一来，小学低段学生亲密无间，喜欢同玩共乐，同学共读可让他们在真实情境中享受美好的友谊和同读的乐趣。二来，小学低段学生集中注意力的时间短，主动开展读写活动的时间也短，同伴共读有利于互助互励，维持兴趣与注意力。三来，小学低段学生的阅读能力有限，同伴共读不仅有利于彼此提供认读、理解等方面的阅读支持，还会创造口语交流与思维碰撞的机会。笔者观察发现，学生自主进行同伴共读时选择的书目大多是绘本和自然科学类图书。

以自然科学类图书为例，同伴共读时学生主要选择了《神秘的太阳系》《海底两万里》《昆虫记》《我们的地球》《南海宝藏》《外星人悬疑》《十万个为什么》《变幻的四季》等图书，部分图书已经被翻烂读破。这一类图书涉及自然奥秘，介绍宇宙万象，图文并茂，趣味良多，能够满足小学低段学生的好奇心和对新知的渴望，并且适合同伴合作阅读，探究书中趣味。实验班级两名学生同读《外星人悬疑》约一周，他们先后探讨了"多贡人的飞船绘画""我国古代对外星人的记载""南美洲的巨型地画"等内容。后经笔者引导，两人在阅读分享课上借助多媒体与全体学生进行了分享，还提到了沈括的《梦溪笔谈》和苏东坡《游金山寺》等古代作品对不明飞行物的记载。

特殊默读是笔者特别制定的阅读形式。在晨午诵读活动时，最多5名学生可不参加集体诵读，单独进入第二区域自由默读。相较于第一区域大声诵读的情境，第二区域此时成为隔离的"冷静区"。朗读疲倦或者有心享受此阅读空间的学生可报名参与特殊默读。相比一区人多声大，二区人少清静的环境优势，提高了学生默读的乐趣和效率。此外，区域阅读活动还有个性读、连续读（长篇）、接龙读、写后读等，或出于学生心裁，或源于师生蹊径，在此不再一一说明。

读后写话主要指学生主动写下阅读后的思考或共鸣。学生王子铭读过杜牧诗《秋夕》后，写下《深秋》一诗：“大地披黄衣，动物备过冬。蚂蚁勤劳动，鸟儿衔枯草。”该生主动将诗作分享给笔者。笔者圈出“衔”字，批注：“这个字用得好！”随后改写一首“动物备过冬，大地披黄袄。蚂蚁勤劳动，鸟儿衔枯草”。又圈出“袄”“草”二字，点出韵脚，师生同喜。将此诗与其他同学分享，班里渐渐兴起写诗热潮。学生任振观察柿子树后，写下《柿子树》一诗：“柿子树上结，颜色红又鲜。甜的像白糖，酸的像柠檬。”虽不押韵，贵在生动。一位学生在阅读《水浒传》后，写下一段记录：“今天，我读了一本《水浒传》，我在书里找到一些有趣的句子——‘自幼曾攻经史，长成亦有权谋。恰如猛虎卧荒丘，潜伏爪牙忍受。不幸刺文双颊，那堪配在江州。他年若得报冤仇，血染浔阳江口’。这是我读到的，我从这里感受到了古代战争的激烈。”尽管解读不当，贵在肯去领会。

兴趣写话一般是学生出于兴趣，主动写下生活体验，有时也需要教师暗示或引领。学生刘桐羽善记生活小事，时常流露真情。在《菜园生活》中，她写下了在学校菜园劳动的真实过程以及“我要先把土搓成鸡粪饼”的田间同学趣谈。在《雪景》中，她写道：“我们穿好衣服，来到外面。看着从没扫过也没有脚印的雪，我们非常不想踩。那太美了！”学生袁瑾晨在《我是一个有趣的人》中写道：“有一次，一个叔叔送我妈妈一条很大的三文鱼。妈妈说：‘不如我给你煎着吃吧。’我说：‘妈妈，你会xiāo鱼lín吗？’妈妈说：‘我不会呀，不过我可以shì shi 。’我对妈妈说：‘你哪来的自信啊？’”自然质朴、真实有趣的文字，正是小学低段写话教学所追求的“写自己想说的话”。

兴趣小组写话主要是热爱写作的学生成立小组后进行的写话活动，在区域读写活动中起到带头写话、烘托班级读写氛围的关键作用。实验班级的写话兴趣小组有正式成员5人，候补旁听者2人，他们写话技能相对娴熟，能自主讨论选题、正确使用常用标点，具有初步构思文章结构的意识。在笔者的引导下，兴趣小组集体写话50余次。成员王雅琪善于从生活中拣选素材，如《我的同桌》部分段落：“对了，我还听过她的一件趣事，让我来和大家说一说吧。有一天，刘桐羽和妈妈说：‘如果你给我生个弟弟，能不能叫刘同意？’妈妈说：‘你怎么不叫刘不同意呢？’听完之后，我笑喷了，天下的生活故事多了去了，这就是我听过的最好玩的一个。”写话兴趣小组的成员一般会将自己的作品念给其他学生，获得一种写作乐趣之外的满足感和分享的快乐。一位成员在主动记录并分享“全班去做窝沟封闭”这件事后，其他同学纷纷效仿。有的学生写“今天一大早我们就坐上七号校车去了三羊口腔医院。去的路上，我们一直在讨论‘做窝沟封闭疼不疼’”，清楚介绍了事件的时间、地点和部分心理。有的学生写道：“阿姨告诉我们‘你们都有一个叫窝沟的牙，因为食物残渣会塞到的窝沟的小缝里，所以我们要做窝沟封闭，就是为了让小食渣消失’。我们明白了。”该生主动拿给笔者看后，笔者建议他可以再写一写做窝沟封闭的感觉。

五、读写习得实验：课堂读写活动

课堂读写活动缘起于课堂之前，发生在课堂之上，作用于课堂之外，是晨午诵读活动和区域读写活动发展到相对成熟的地步时，自然而然形成的。不同于一般的阅读课、写作课具有相应的清晰目标、明确任务、强制持征与常规评价标准，实验班级的课堂读写活动虽然有教师的引导和指导，但仍强调在真实情境中自然发生读写、习得读写，避免直接的技能训练。每一堂读写课都源于学生的生活实际与读写需求，又回归学生生活实际与读写发展。以形象喻之，常规读写课如同“牛拉马拽，赶车前行”；实验班级的读写课如同“俱怀逸兴壮思飞，不用扬鞭自奋蹄”。目前课堂读写活动形式主要包括传统文化典故课、读写分享课和随堂诗话课。

（一）传统文化典故课

优秀传统文化是中华民族之瑰宝，中文修养之源流。梁启超五岁看“四书”，蔡元培六岁读“五经”，张恨水九岁读“孟子”，茅盾全本背“红楼”，用优秀传统文化打好文学修养的底子，对于小学低段学生而言至关重要。笔者在进行读写习得教学实验中发现，学生对古诗词中的人文典故很感兴趣，喜爱阅读相关的故事或解说，并在了解典故后更加善于赏析诗词，进而提升阅读美感、增加阅读趣味。这里所说的人文典故，既包括诗词作者的生平事迹和传奇故事，又包括诗词中涉及的历史事件、政治事件、民间传说或者奇闻逸事，包罗甚广，趣味良多。在晨午诵读活动初期，学生经常主动讲典故或请求笔者讲典故。随着类似要求的增多，为了响应学生的需求，又维持晨午诵读的效率，专门的传统文化典故课逐渐出现和定型。课上，主要由师生讲述与交流近期所诵读诗词中的典故。

对应晨午诵读活动第一阶段的20首古诗，传统文化典故课的主要内容为“曹子建七步成诗与‘才高八斗’（缘起《七步诗》）”“骆宾王七岁作诗与《讨武瞾檄》

（缘起《咏鹅》）”“燕昭王筑台招贤与‘伯玉毁琴’（缘起《登幽州台歌》）”“七绝圣手王昌龄与‘飞将军’（缘起《出塞》）”等。传统文化典故课鼓励学生自查自学、自读自诵，讲故事谈作者、论诗词说妙处、吟内容抒感情，信马由缰、陶然自得。大多数学生的人文底蕴得以积淀，文学品味获得提高，学习兴趣持续增长。在诵读《题李凝幽居》之前，笔者提前设计了传统文化典故课——“大家一起来推敲”。课上出示“鸟宿池边树，僧（ ）月下门”，从而开启一段了“吟安一个字，拈断数茎须”的体验之旅。

一位学生在读写笔记中有如下记载：“2018年11月20日上午，老师给我们写了一句贾岛的诗——‘鸟宿池边树，僧（ ）月下门’。有人举手问：‘僧什么月下门？’老师说：‘你们猜一猜吧。’有人说‘僧关月下门’，有人说‘僧送月下门’，还有人说‘僧过月下门’‘僧立月下门’‘僧开月下门’。同学们提出各种各样的看法。老师说：‘刘桐羽说的‘僧推月下门’和王弈涵说的‘僧敲月下门’格外好，与贾岛和韩愈所见略同。’接下来，老师给我们讲了一个贾岛和韩愈的故事。”在下文中，该生写下了这个故事和《题李凝幽居》这首诗。后来诵读至该诗时，学生感到格外亲切、熟悉，诵读时更有感情。学生在这一节典故课中不但了解了“两句三年得，一吟双泪流”的苦吟诗人贾岛，而且经历了推敲的详细过程，感受和尝试了炼字。后来，笔者与学生又先后探讨“红杏枝头春意闹”“悠然见南山”等炼字名句。在真实自然而又不乏游戏意味的传统文化典故课上，比较轻松地习得而非学得知识、能力与情感，这对小学低段学生来说难能可贵，更接近语文素养的本质。

（二）读写分享课

分享即“让别人也感觉到自己的感受，或者同别人述说自己的感受”。之所以将这种课堂形式命名为读写分享课，而不是读写训练课或者读写结合训练课，是因为课堂源于读写的内容和体验，贵在读写的分享与交流，指向读写的乐趣与动力，是真实情境下的生活活动；不唯知识与技能，而是全面关注读写知识与技能、过程与方法、情感态度与价值观。

课堂产生于学生的实际需求。在晨午诵读活动与区域读写活动中，学生产生了越来越多的分享、交流等方面的需求。笔者发现，当读到好书好文章、写出好文好句子时，学生出于关心同学、展示自我、获取认可、自我满足、寻求共鸣、维持友谊等多种需求，会主动与同学、老师交流。为了创设更为独立的分享环境、提供更加宽裕的交流时间，读写分享课应时而生。读写分享课重在学生主导、教师配合，学生分享、教师提议。其内容可以概括为写话分享、读书分享、摘抄分享、读写记录分享、学法分享、兴趣分享等。

写话分享是学生通过朗读分享自己的写作内容。所分享的写话内容有对生活经历的真实记叙、感受，有对图书或课文的感想、看法。学生任振溪分享《我最喜欢的老师》：“我最喜欢的老师是纪老师，他是个男老师。他很优秀，喜欢穿一双深蓝色的鞋。可是，最近纪老师又喜欢穿一双灰色的鞋。纪老师穿的衣服，两三天换一次。”平平无奇的讲述反而引起其他倾听者的浓厚兴趣。学生个体观察事物的视角和能力也能够较快影响其他学生。另一位学生分享《王一东同学》：“王一东长得很矮，但他跑得很快。我很喜欢和他玩。有一次，王子铭当我们的师父，教我们轻功，王一东当他的‘书童’。轻功第一招是静坐5分钟……王一东，你又调皮又任性，我劝你也学点儿知识吧！”这篇写话完成并分享于二年级上学期，却已达到二年级下学期语文园地二设定的写话要求——“照样子，写一写你的一个好朋友：他是谁？长什么样子？你们经常一起做什么？”笔者未曾进行专门的写话训练，学生基于长期的读写习得达到这一水平。在分享该文后，更多学生开始写自己的同学。一位学生分享《我的同学像阵风》：“我的同学付新浩是‘龙卷风’，因为他力气很大。我的同学赵荣凯是‘春风’，因为他身上有一点香味。我们班还有像‘夏风’一样热情的梅含溪，像‘台风’一样强大的李瑞峥。”相较于训练式写话教学，习得读写中蕴含着更加真实的素材，更为自然的遣词造句，更有感染力的语言魅力以及深刻、全面的读写乐趣：表情达意的抒情之乐、与人交流的分享之乐、琢磨写法的思考之乐、写成读好的成功之乐。

读书分享即写下个人读书的内容、体验、思考或感想，分享给其他同学。读书分享不但能够推荐好书好文，开拓其他学生阅读视野，激发他们的阅读欲望，增进阅读的间接经验，还能诉说思想，交流观点，实现“同声相应，同气相求”的效果或者“仁者见仁，智者见智”的局面。学生梅含溪在课上分享了关于《新月集·飞鸟集》的阅读情况：“‘夏天的飞鸟，飞到我窗前唱歌，又飞走了。秋天的黄叶，它们没有什么可唱，只叹息一声，飞落在那里。’这首诗的作者是泰戈尔，我觉得这首诗歌是最美的。”笔者当时补充道：“我知道泰戈尔的其他名句——‘生如夏花之绚烂，死如秋叶之静美’。我们读到的《飞鸟集》和《新月集》都是译本，我个人比较喜欢郑振铎老师的译本。”受到该生的影响和教师的鼓舞，部分学生借阅并记录了自己阅读《新月集》《飞鸟集》的相关经历和感受。学生赵荣凯在另一次课堂上做了如下分享："那天在菜园，我们每人分到一个胡萝卜吃。回来的时候，我们看到一排大树。突然，老师上去摇了摇大树。一片片树叶像蝴蝶一样落下来，老师说'这是秋姑娘送给我们的礼物'。我们连忙伸手接住礼物，我在那时候感觉到了秋天的美。我想起梅含溪分享过的那首诗里的鸟，我想起老师分享过的那首诗里的秋叶，我也想起我读那本书的时候看到的一句话：'鸟儿愿为一朵云，云儿愿为一只鸟'。我突然觉得，小鸟只扇翅膀非常累，所以想变成一朵云休息一下；云彩在天空随风飘荡，不能自由活动，想变成一只鸟活动一下。我也写了一首诗：'鸟儿愿为一朵云，云儿愿为一只鸟。云儿变鸟乐逍遥，鸟儿变云轻飘飘。'"该生的分享激发了更多学生的读写分享欲望。

（三）随堂诗话活动

语文教材有严谨、完整的编排体系，承担着明确的阶段性目标和限时性的教学任务与评价。读写习得教学实验突出自然、重在习得，由于目标的间接性、习得的长期性、内容的宽泛性、个体的参差性、评价的模糊性等特性，并不能完全实现常规语文教学的目标和任务。基于这种情况，在依托教材进行常规课堂教学时，笔者以学得为第一手段，以习得为第二手段；以学得为短线目标，以习得为长远目标。在处理常规课堂教学习得与学得的关系时，笔者与学生共同探索了随堂诗话活动，与传统文化典故课、读写分享课并为三大课堂读写活动。

顾名思义，随堂诗话是在常规语文课堂上渗透的"诗话"。虽称"诗话"，其实雅俗并举，词义兼论，师生从课文出发，思接千载，或者讨论写景言情、咏物鉴史的名篇，或者品读炼句构思、立意抒情的佳作。"随"字是随堂诗话的关键所在。随兴而说，兴之所至，随文而说，回归文本，随性而说，各有见地，随思而说，集思广益。

二年级上册《坐井观天》一课要求学生体会位置不同、眼界不同的道理。教学中，我们从青蛙坐井观天的处境，讨论到"出井"的办法。学生又从求助井外动物、努力攀登、挖地道等青蛙出井的办法，讨论到求助高人、努力学习等学生出"井"的办法。笔者被学生以"井"喻境的说法和蕴含哲理的话语打动，借题发挥，引导学生关注本文出处——《庄子·秋水》，由此引发主题为"《坐井观天》与《逍遥游》"的随堂诗话课。《坐井观天》和《逍遥游》同出于《庄子》，一者诙谐，一者恣肆。井底之蛙见识狭窄，目光短浅；北冥鲲鹏眼界广阔，志向远大，两者同源而形象迥异，正是一对鲜明之比。我们从《坐井观天》聊到了《逍遥游》，从井底之蛙聊到了"绝云气、负青天”的大鹏。学生震撼于二者鲜明的对比和大鹏磅礴的志气，不由为之感慨。针对板书的“北冥有鱼，其名为鲲……抟扶摇而上者九万里”[①]一句，学生主动做了详细笔记。笔者援引骆宾王的《答员半千书》说道：“庄子逝去一千多年后，大家熟悉的骆宾王才出世。他读到庄子的《逍遥游》，也和大家一样惊叹，写下了‘化羽垂天，抟风九万，振鳞横海，击水三千’[②]的豪壮之语。”（前文提及的“化羽杯”诗文大赛命名源于此处）学生为之欢欣鼓舞，随即各抒己见。在这次诗话活动中，学生不仅熟悉了庄子的文风、寓言的特点，更是初步培养了文言文的审美能力与理解能力，在感知与讨论中树立了鹏程万里的志向，传承了中华民族优秀传统文化。

教学二年级下册《一匹出色的马》《千人糕》后，笔者开展了“联想与想象诗话”活动。以“寂然凝虑，思接千载；悄然动容，视通万里；吟咏之间，吐纳珠玉之声；眉睫之前，卷舒风云之色”[③]点题，学生从《海底两万里》《爱丽丝梦游仙境》《格列佛游记》谈起，开启一段“思接千载，视通万里”的体验之旅。自一年级下学期至二年级下学期，我们进行了40余次随堂诗话活动。如《小蝌蚪找妈妈》一课的“毛泽东《咏蛙》诗话”、《十二月花名歌》一课的“武则天《催花诗》诗话”、《田家四季歌》一课的“陶渊明《归园田居》诗话”、《曹冲称象》一课的“曹操《短歌行》与曹植《七步诗》诗话”、《雷锋叔叔，你在哪里》一课的“‘人伴贤良品格高’诗话”、《寒号鸟》一课的“《南村辍耕录》诗话”、《鲁班造锯》一课的“中国民间故事诗话”等。

随堂诗话多源于课堂生成的契机，基本不是预设。教师遇“机”而作，学生随兴而往。因为没有直接课堂目标的束缚，又广泛地联系学生的阅读与生活经验，间或有一些奇谈妙论或文坛趣闻，随堂诗话活动深受学生喜爱。多数学生自觉在课本上做笔记并主动记诵，部分学生还会做二次笔记。在此以四句诗描绘随堂诗话课的情境：放胆驰骋细心听，一派春光自在行。梨花院落溶溶月，柳絮池塘淡淡风。

（四）结语

读写习得教学实验从2017年9月至2019年3月，已经基本完成第一阶段的研究与实践工作。在该项实验中开发、运用的读写方法，笔者暂将其命名为读写习得教学法。纵观语文读写学习的全部阶段，横向对比本阶段的其他教学法，读写习得教学法是目

①庄子.庄子[M].北京：北京时代华文书局，2014.

②骆宾王.骆宾王文集[M].上海：上海古籍出版社，2017.

③刘勰.文心雕龙[M].北京：作家出版社，2017.

前笔者所应用过的最适合小学低段读写学习的启蒙之法。其学习情境的真实性合于儿童生活，学习目的的间接性便于释放天性，学习内容的整合性基于语文素养，学习过程的互动性利于交流促进，学习结果的经验性归于审美创造。

时代进步，学科发展，学生需要更为科学有效的语文教学。语文课程是开放而富有活力的，我们要不断开发崭新的课程资源，研究有效的教学方法，形成相对稳定而又灵活的实施空间，不断自我调节、更新发展。最后，笔者引用王筠《教童子法》中的一段话，说明读写习得教学法的根本理念："教弟子如植木，但培养浇灌之，令其参天蔽日，其大本可为栋梁，即其小枝亦可以为小器具。今之教者，欲其为几也，即曲折其木以为几，不知器是做成的，不是生成底！迨其生机不遂，而夭阏以至枯槁，乃尤执夏楚而命之，曰：'是弃材也，非教之罪也！'呜呼！其果无罪邪？"先辈终生俯身教学，探骊得珠，实属不易。笔者感其精神，学其经验，秉承"因材施教、引学自由，视其才具，定其章程；培养浇灌，而非塑形；有了青草，渐成花园"的原则，欲就读写习得教学实验培养"大器"与"小器"，使得学生在语文生活中各有所好、各有所得、各有所成。

（本文课外读写活动部分单独成文，题为《基于语言习得的小学低段课外读写实践研究》，发表于《语文教学通讯》2019年第10期）

学科德育的内涵、内容与实施

——从语文学科谈起

“教学如果没有进行道德教育，只是一种没有目的的手段；道德教育如果没有教学，就是一种失去了手段的目的。”[1]赫尔巴特的话揭示了学科教学和德育之间手段与目的的关系。在当下的教学实践中，学科德育实施的效果并不理想。笔者通过调查分析发现，主要原因在于多数教师对学科德育的内涵缺乏应有的理解，不能从学科课程中发掘德育要素、整合有效的德育内容，实施过程中教学策略运用不当，导致出现学科教学与德育两张皮的现象。那么，如何理解内涵、发掘要素、整合内容、应用策略，基于大德育观进行有效的学科德育呢？

一、理解内涵，发掘要素

实施学科德育，理解内涵是根本，发掘要素是关键。只有理解内涵，才能立根固本、源远流长；只有发掘要素，才能挺躯拔干、求木之长。

（一）理解内涵，立根固本

学科德育是一种结合知识传播、智能培养，有目的、有计划地在政策教育、思想教育、品德教育、心理教育和能力培养等方面对学生施加教育和影响的德育途径。学科德育因为体现了知识与道德、教学与教育、教书与育人的统一，具有教育内容丰富、方法手段隐蔽间接、认知方式和行为方式协同统一、实施稳定而有保障等特点。实施学科德育能够彻底拓宽德育途径，增加德育时间，提升德育的趣味性。

从当前的教学实际情况看，教师不能从学科课程中发掘德育要素，是影响学科德育的关键因素。部分教师甚至片面地认为，有的学科内容中存在德育因素，有的学科内容中缺乏德育因素。然而，统观以往的国家教材、地方教材或者新施行的统编本教材，无不遵循着科学性与思想性高度统一的原则，而且多数教材在形式上和内容上体

①赫尔巴特.普通教育学[M].李其龙，译.北京：人民教育出版社，2015.

现为双线编排：一条线是学科自身的知识体系和基本结构，另一条线是德育要素或者蕴含德育要素的隐形阶梯。以语文课程为例，统编本小学语文教材围绕人文主题和语文要素双线组织单元；语文要素是语文学科知识与能力方面的要点，而人文主题中就隐藏着德育要素。

（二）发掘要素，挺躯拔干

基于对学科德育的内涵理解、德育要素客观存在于学科之中的事实和学生德育的迫切需求，我们必须积极地、科学地发掘各学科的德育要素，梳理出"筋骨"和"脉络"，为下一步整合德育资源搭好支架。

发掘德育要素，一是要站在课程的高度上观照德育要素的全部内容，发现其纵向的梯度设计和横向的板块关系，整体把握德育要素，做到"胸中有丘壑，眼里存山河"。例如，中小学数学学科主要有科学素养、人文精神和道德素质三大要素，根据学段进行由易到难的梯度设计，大致可分为数字文化、数字美、数学史、数学哲学、数学生活和更深层次的课堂文化。只有把握了这些内容，教师才能感受到德育要素的整体布局。二是要深入了解教材的编排特点和编写意图，根据教材编排特点挖掘出潜藏的德育暗线，根据每个单元的编写意图确定德育要素的基本分布情况。例如，通过研读统编本小学语文三年级上册配套的教师教学用书，我们发现该册的人文主题依次是"学校生活""金秋时节""童话世界""祖国山河""我与自然""美好品质"，其德育要素已然彰明。三是注意收集教学活动中自然发生的德育事件，将其提升和归纳为个性化的德育要素。例如，科学实验中学生屡"败"屡战时"不怕挫折，勇于探索"的行为；音乐、美术课堂上"敢于以艺术手法'表达'个性自我"的举动；语文、数学课堂上"质疑问难、不迷信权威"的言语等等，都是随机生成的教育资源。在一个学科领域内，教师应收集这些资源并归纳为德育要素，按照一定的逻辑排列，再嵌入以后的教学中去。

二、搜集资源，整合内容

深刻把握了学科德育的内涵，全面发掘出学科德育的要素，下一步就可以搜集资源和整合内容了。搜集适合的德育资源，可以为学科德育寻求教学依托；整合有效的德育内容，则能为学科德育提供创新的视角。

（一）依据要素，搜集资源

德育要素的发掘，为我们整合教学内容搭建了坚实的“骨架”。依托它，我们再从各学科智育的内容中去创新德育的内容，为实现德育与智育的融合提供内容方面的保障。为了讨论问题的方便，我们不妨把中小学课程大致分为文科、理科、艺术体育和信息技术四大类。

一般学科课程中的德育内容不像道德与法制课程那样直接注明。文科教材中的德育内容往往蕴含在相关课文的情节、事件中或体现在人物的品质中。理科教材中的德育内容更加隐晦，需要教师依据德育要素去认识、发现、挖掘和整合。如果教师没有较强的德育意识和解读能力，对其就会视而不见，错失有效的德育资源。

文科类课程蕴含爱国主义教育、革命理想和革命传统教育、集体主义教育、劳动教育、民主教育、纪律与法制教育、人道主义和社会公德教育、正确人生观和科学世界观教育等德育要素。以语文课程为例，教材内容体现了“位卑未敢忘忧国”的精神；“天下为公”的理念；“宁为玉碎，不为瓦全”的风骨；“先天下之忧而忧，后天下之乐而乐”的胸怀；“己欲立而立人，己欲达而达人”“己所不欲，勿施于人”的做人原则；“天行健，君子以自强不息”的意志；“地势坤，君子以厚德载物”的雅量；“高山流水”般的友谊；“天生我材必有用”的自信；“见贤思齐”“无欲则刚”的人生哲理；等等。可以说，每一课都有指向德育要素的相关内容。又以历史课程为例，教材内容往往包括人类创造和传承的文明成果，中外圣贤先哲的宝贵思想财富以及仁人志士致力国家富强、体现民族大义的英雄事迹。依据要素寻找到的这些教学资源，对学生形成正确的价值观，培养高尚的品德、健全的人格，都会起到积极的作用。

（二）创新视角，整合内容

中小学的数学、物理、化学、生物等理科类课程中，也蕴含着丰富的德育资源，不过往往不在教材的表面，需要依据学科德育要素，往深处挖掘才能获得，例如从发展史、发现史的维度上挖掘，从知识、技能应用于现代社会的维度上挖掘。具体来说，一是理科教材中包含的唯物辩证法和科学方法论等，是结合具体的问题情境对学生进行辩证唯物主义和科学思维方法教育的良好素材，需要经过教师科学有效地整合，才能转换为对中小学生实施教育的内容。二是有关环境保护、关爱感恩、爱国主义、民族自信心等方面的教育内容。比如小学数学中《年、月、日》这类最简单的教学内容，经过整合，可联系国庆节、校庆日、父母生日等对学生进行爱国、爱校、爱父母的教育。

教师创新视角，以相关知识为载体，以辩证唯物主义思想方法为突破口，以学科发展史为纽带，就能比较充分地运用所整合的内容，使学生从中获得良好的思维品质、实事求是的科学态度和勇于创新的探索精神等。

艺术体育类课程，教师可以根据学生对艺术体育类课程的兴趣与爱好，选择具有较高人生旨趣的主题进行教学内容的整合，通过有目的的艺术、体育教学活动，进一步增强教育的感染力、吸引力，激发学生热爱生活、美化生活的情感，让学生在学习和生活中提升艺体素养。以小学音乐课程为例，一方面，教材中的歌曲等内容，内涵丰富、音乐形象感人、演唱形式多种多样，我们可以整合这一类内容，激发学生兴趣，触发学生情感，在课堂教学中引导学生通过演唱、表演等音乐活动，养成爱祖国、爱人民、爱科学、爱劳动、爱自然的情感；另一方面，我们可以整合音乐旋律、调式、节拍、力度、节奏等方面的特点，引导学生由浅及深地感受音乐之美，从而受到熏陶感染。

信息技术类课程是顺应新时代发展的特点而设置的课程。随着电脑与网络技术的普及，虚拟网络世界拓展了学生生活的边界。学科德育既是对信息技术类课程教学的一个挑战，也是信息技术类课程发展新教育空间的良好机遇。建议整合帮助学生抵制来自网络的各种不良信息、提高学生上网自律能力等相关内容，实施信息技术类学科德育。

除了学科本身蕴含的德育内容，各学科教学的组织与参与者——师生本身，也是不可忽视的德育内容资源。因为教学的艺术存在于教与学的互动中，而教与学的互动也是价值观的交流过程，会产生即时性的德育资源。这些具有亲历性的德育资源，具有更直接、更强烈的德育效果。

三、用自然策，树德育观

资源的搜集、内容的整合，有利于推进教学策略的有效实施和大德育观的践行与培养。在教学策略方面，我们倡导自然渗透的方式；在教育理念层面，学科教师要树立大德育观，增强实施德育的自觉性。

（一）应用策略，自然渗透

制定策略要紧扣精准的目标。教师要明确每课教学的德育目标。在组织实施学科德育时，教师需要根据学生的道德状况和学科教学内容，从课堂教学的“顶层设计”——目标制定上，设计好每课知、情、意、行方面合切的德育目标，在学科教学的全过程中予以落实，实现德育与智育在同一过程中的融合，防止出现德育、智育“两张皮”的现象。

应用策略要以渗透为主。根据学科德育的特点，渗透是实施学科德育最基本的策略。只有用好渗透，才能实现德育效果的最优化。正如苏霍姆林斯基所说：“任何一种教育现象，孩子在其中越少感觉到教育者的意图，其教育效果越大。”实施学科德育，学科内容是载体。其中的德育应该是“随风潜入夜，润物细无声”，使学科性与教育性水乳交融，德育渗透就像养分，通过根须送遍树木全身，而不是打吊瓶施肥。这样才能让学生在没有感觉到施教者意图的情况下，潜移默化地受到深入灵魂的教育。这就要求学科德育的实施不能离开学科知识载体进行额外的说教、贴标签，更不可生拉硬扯、牵强附会，使学生逆反。

落实策略要因“材”施教，因人施教。一是要因“材”施教。学科德育的策略落实是以教材中的知识点、能力点为依托的，教师要借助教材提供的教育情境，发挥出内容与策略的教育价值，求得最有效的教育效果，防止德育渗透变为无源之水。二是要因人施教。德育渗透要与受教育主体——学生的思想道德实际相结合。要选准德育要素、德育内容与学生精神需求的最佳结合点，针对学生，贴近实际，对“症”下药，提高实效，防止大而化之、笼而统之。实现知情意行并举，从而提高学生的道德觉悟和认识，陶冶道德情感，锻炼道德意志，树立道德信念，培养道德品质，养成道德习惯。

（二）树德育观，增示范性

学科教师要增强实施德育的自觉性。学科教师要树立大德育观，明确认识到对学生实施德育是所有教育工作者义不容辞的共同使命。如上所述，虽然各学科教学内容中都蕴含着德育要素和德育内容，但其德育价值很难自发地发挥作用。这就要求教师切实增强实施学科德育的自觉性，保持较强的德育意识。具体来说，一是要从思想上认识到育人是教育教学工作的核心，是各学科教学的共同任务，产生全科、全员育人的意识；二是要坚定课堂教学是学科德育的主渠道，发挥好主渠道的德育作用；三是教师要不断提高自身的道德认识水平，从而使德育实施能力“水涨船高”，保证学科德育实施的效果。

教师的课堂言行要发挥道德示范作用。一是身教重于言教，学科教学过程中教师的仪表、言行至关重要。教师保持仪表端庄，真诚和蔼，举手投足大方自然，问答交流从容有序，会对学生产生积极而深远的影响。二是在师生互动中会不断出现德育生长点，教师要从内容整合、教学策略等方面加以预设，捕捉和运用师生互动中生成的德育内容，并在这一过程中发挥道德示范作用。比如，教师与学生讨论时，教师是否践行了尊重、平等、公正的原则？教师点评时，对某些人与某些事具有怎样的判断，体现了怎样的人生观、价值观？通过语言、神态、形体动作的互动，传递德育信息。

当下，培养学生必备品格成为社会的共识。泾渭分明的课程壁垒逐渐淡化，使得学科德育这棵成长中的树苗顺利将根须扎入各学科中，并汲而取之，合而并之，融而化之。基于此，教师更应理解内涵、立根固本，发掘要素、挺躯拔干，整合内容、生枝长叶，应用策略、自然渗透，树德育观、增示范性，在课堂教学的主空间里推动学科德育，为学生发展核心素养奠定坚实的基础。

（本文发表于《中国德育》2019年第4期，有改动）

语文综合学习——“玩课”

本文是一份真实的、以第一人称自述的语文综合实践活动记录，不存在夸张成分。我本着科学求实的精神，记录了在语文教育教学过程中进行的综合实践和道德教育。文中涉及的区域与时间、班级与姓名、思想与行为等基本属实（少数学生为化名）。作为一名普通的小学班主任、语文教师，我真诚希望专家和读者对此提出宝贵意见。同时，我也想提醒此文的读者，文章开头有些长，文中也存在一些文学性的环境与人物描写，但这并不影响文章本身的科学属性，反而有利于大家更好地感受我的想法。

一、起航之前—育人者的思索

我在一所乡镇小学教书，班里有35个孩子。这学期第一天，我的小班长转学去了另一所条件更好的小学。孩子们和我都很难过，每当想起她羞涩的笑脸，我们就感觉班里空落落的，像是少了一位亲爱的小家人。现在，我们班只剩34个人了。

说起孩子们最痛苦的事，就是做作业。说起作业，更痛苦的是爸爸妈妈。我发现很多奇怪的现象——提倡素质教育，高考“指挥棒”却没有指挥好基础教育；要求孩子德智体美劳全面发展，语文、数学和英语的作业却经常“劳烦”家长。爸爸妈妈们晚上不但要听孩子背诵课文，帮孩子检查题目，还要听写、陪读，甚至替老师给孩子出题目。偶尔还要做手工、拍照片，发给老师，以便应付上级的各种检查。

不要小看那些“形象工程”，它们会扼杀心怀梦想的教师，然后让孩子在楼道里走成一条傻傻的“直线”，或者在老师面前乖巧地像个机器人。有人满怀深情地说“要先教孩子们做人，再教孩子们做事”，但他们所追求的，不过是自己的政绩和学生的成绩罢了。不管这种成绩是在一声声呵斥和指责中逼出来的，还是在日复一日的练习中透支出来的。总而言之，这些行为都与真正的教育无关。

我们就像一座座雷同的雕像，在孩子面前展示苍白的身姿。他们仰望我们，又质疑我们；崇拜我们，又厌恶我们。今天，我想乘着这温暖的春风，努力地活过来；从教书匠成长为教育者，做一位不同凡响的教师。

二、朝九晚五——“玩课”的初心

孩子们犹如一群奇妙的小动物。如果遇到一位饲养员，他们的命运就是吃成一个个“小草包”，在圈里踢腾，不断从一个小圈走进一个更大的圈；如果遇到一位领航员，他们的生活就会天翻地覆，钻出窄小的栅栏，挤过灌木丛，蹚过小河，到遥远的草原去，到高高的雪峰上去，那里别有一种辽阔的快乐。

每个小孩子都有好逸恶劳的天性。他们明白上课时间是用来辛苦学习的，下课时间是用来休息玩耍的，晚上回家后的几个小时要写作业。上课时，他们总喜欢抽时间做点小动作，说一些悄悄话，就像成年人在工作时悄悄上网，这会给人一种忙里偷闲的快乐。因此，当我告诉他们晚上可以不用写作业，白天可以玩一节课时，他们宁可相信太阳打西边出来，也不相信我的话。

我告诉他们，实现这个梦想的唯一条件就是在课间主动写完作业，同桌互相检查，完成的每一个孩子都可以参加当天下午的实践活动，到外边去，边玩边上课，或者是纯玩儿——这对孩子们最有吸引力了。这办法成功了，33个孩子顺利完成了作业！这件事的精彩环节后面再提，这里要说明的是我苦思冥想的“玩课”。

长期以来，小学语文课一直有三个教学目标。第一个是知识目标，也就是学生会识字、会写字、会朗读、会背诵、会做题。很多老师终其一生都在追求这一目标。第二个是过程目标，简单说，就是学生掌握学习的办法，并且活学活用到其他方面。第三个就是情感与价值观的目标。以射箭为例：能射中靶心就是实现了知识目标；懂得弯弓搭箭的技巧，又能把这份能力运用到其他活动里，就是实现了过程目标；明白射箭的意义，乐在其中并不断实践下去，就是实现了情感目标。但目前的教学现实，是我们在培养一些能说会道、能写会算，长大后却道貌岸然、口是心非的人。因为我们的课堂，一般只在最后几分钟讲讲大道理，孩子们感受最深的不是应该做个什么样的人、有什么样的情操，而是生字和单词的写法、题目的解法以及它们在试题中各占多少分。

我的“玩课”，有一个非常“高大上”的全称——班主任语文老师实践活动课。它不与我的考核和工资挂钩，没有任何功利性目的。就像一盆花一样，我只想把它养好，欣赏它、爱护它，也让别人爱上养花，使更多花儿开得更烂漫。“玩课”有四种形式，一是为了培养情感和道德的实践课，二是老师与学生一起玩的“亲子”游戏课，三是到公共场所进行的体验锻炼课，四是到学生家中访问的家校促进课。

若想取得成功，必须付出艰辛的努力。这一次实践，就这样“冒天下之大不韪”地开始了。但我并不在乎他人的嘲讽和不解。

三、参与体验——为每一份“作业”点赞

新年刚过，街道上还残留着鞭炮的碎纸屑。今天是开学的第三天。我郑重地告诉孩子们：我有一个梦想，那就是不再强迫他们写家庭作业，不再被困在教室里，日复一日地“坐牢”，而是让他们自觉地用课间的零碎时间完成作业。

听了我的梦想，孩子们都觉得我患上了重度痴呆症。他们都不相信自己会做出这种主动学习的事情。

我告诉他们，这个学期我有很多大胆的想法，比如每天一次的神秘活动、集体出游、一起放风筝、周末到书店喝咖啡、参观一次恐龙化石陈列馆、成立未来小组、请大家到我家吃饭，等等。总而言之，完成这些事需要太多时间了，因此必须用课间的零碎时间先把学习知识这件小事搞定！

孩子们听得热血沸腾，他们震惊了，质疑了，后来甚至吵起来了！但最后，他们还是拿出了生平最大的勇气——相信我一次！

那一天晚上，我在睡梦中惊醒好几次。回想白天，我从孩子们黑葡萄似的小眼睛里，发现一抹耀眼的明亮。那不再来自对权威的盲目崇拜，而来自朝圣者纯净的心。

我们学校在一座偏远的工业小镇，小镇上有一些本地的农民和外地的工人。很多年轻人在小镇务农或打工，结婚生子。他们的孩子，都在我们学校求学。对于城市的孩子来说，花两三百元吃一次必胜客，或者看60元一场的电影，都是小菜一碟。但在小镇的孩子看来，30元一个的大蛋糕、一次说走就走的县城全家游，都是难能可贵的享受，够他们吹嘘好几天的。娱乐上的物质差距是小事，眼界差异才是难以填补的沟壑。当然，一些城市孩子吃喝玩乐、走马观花式的旅游，也没有多大价值，都是浮于表面，很难沉入内心。

我每天早上6点起床，洗漱、吃饭，6点50开车去学校。40分钟后，我与大部分孩子一起到校。虽然学校要求7点50签到即可，但我还是想多陪孩子们一会儿。以往，早

晨的教室里总是鸡飞狗跳、人仰马翻的，今天却静悄悄的——孩子们都在提前做今天的作业。作业有三项：抄写本课生字，背诵课文，预习下一课。孩子们只要在下午上课前主动完成作业，不但晚上自由自在，下午第一节课也可以参与“神秘活动”。就连学习最差的孩子，也抗拒不了这个诱惑，投入了热火朝天的学习中。虽然大部分孩子的学习目的不单纯，但我备感欣慰，因为总算迈出了第一步。

王羲炜和刘梦圆等几个机灵的学生已经抄写完本课生字，正在背诵《宿新市徐公店》。今天是开学的第四天，我们正在学《古诗两首》这一课。“儿童疾走追黄蝶，飞入菜花无处寻”——清脆的童声，伴着斜照进教室的晨曦，格外美丽动人。李芮孝、张鑫浩等几个不爱学习的孩子也在查字典组词，看到我望向他们，冲我露出羞赧的微笑。显然，他们也上路了，只是还不大适应。

孩子们是一群奇怪的小动物。如果让他们在下课时间休息玩耍，在上课时间做课堂作业，在晚间完成家庭作业，他们就会觉得下课玩耍理所当然，上课写作业时又心不在焉，晚上写家庭作业时磨磨蹭蹭，甚至还要家长陪伴。但是，奇妙的事情发生了！当我告诉他们，如果课间就能完成所有作业，那么你们上课就可以玩耍，晚上就可以自由自在时，他们居然变得格外主动和积极，好像全部变身为“学霸”。这令我想起了朝九晚五的猴子的故事。

二年级下册第一单元的主题是“春”。第一篇课文是《找春天》，第二篇课文是《古诗两首》，第三篇课文是《笋芽儿》，第四篇课文是《小鹿的玫瑰花》，都是与“春天”有关系的。这一单元的情感教学目标是“热爱春天，热爱大自然，并有寻春、探春的兴趣”。如果只是熟读课文、背诵古诗，再加上一句“这首诗描写了春天的美景，表达了作者对春天的喜爱之情”，显然不能真正让孩子感受春天，并有所领悟。因此，今天下午第一节的“玩课”，我将主题确定为“找春天”。

上午上完课后，孩子们继续自己找零碎时间学习。截至下午1点50分，34个孩子中有32个完成了所有作业，顺利得令人不敢置信。剩下的两个孩子是苟艳阳和吴照慧——今天最不开心的两个人。我很不忍心把他们留在教室，但又不得不这样做，只能明天想其他办法了。

我们的校园很大，但绿化的地方很少。只有艺术楼南边有一个小花园，黄黄的草皮上，种着几十棵小树。校园里很安静，孩子叽叽喳喳，边走边聊。望着窗内还在埋头苦学的其他班同学，孩子们感到格外地幸福。他们眼角眉梢的笑意简直掩饰不住！

我们漫步在小花园里。石砖小路很窄，左边一队的男孩子和右边一队的女孩子亲密地拉着手，轻轻挤在一块。他们的小脚丫在石砖上踩出“踏踏”声，好像一支愉快的春之乐曲。

“同学们看，这是百合树！”我把路边的一棵小树指给他们。

“哇，百合树！”他们顿时惊叹起来，虽然这棵树光秃秃的，什么都看不出。

“我见过百合花！”小女孩程佳颖说道。孩子们听了，都纷纷议论起百合开花时的样子。

我们沿着曲折的小路向前，我向孩子们一一介绍了松树、桃树、柳树、核桃树、龙爪槐、苹果树、山楂树。还有几颗挂着红豆豆的小树，连我也不认识，孩子们反而更加感兴趣。虽然已经立春了，但温暖的春风只在午后两三点才有，室外还是有些冷。

“老师，草都是黄的，树也光秃秃的，哪儿有春天啊？”胡博森问道。

“小草睡着了，她的梦是黄色的。”我说，“你去叫醒她，她就绿了。”

胡博森和张雅涵几个小孩子还真像模像样地趴在草地上，喊着“起床了、起床了”，要唤醒小草。

“啊，我发现春天了！”张雅涵叫道，一群小孩子立刻围了上去。她扒开枯黄的草叶，下面露出了嫩绿的新叶。

我微笑着说：“不错，令人诗兴大发，我们一起吟诗一首吧。”孩子们齐声说“好”，便主动吟诵起来。

“离离原上草，一岁一枯荣。野火烧不尽，春风吹又生！”孩子们吟诵得很起劲。这时，他们才真实地从春天的生机里感受到诗歌的意境。王傲雪不由自主地朗诵起《找春天》里的句子——“小草从地下探出头来，那是春天的眉毛吧？”傲雪是一位很有才情的小女孩，她一开口，立刻有几个小男孩指着柳树上新发的芽孢，接着背道：“柳树吐出点点嫩芽，那是春天的音符吧？早开的野花一朵两朵，那是春天的眼睛吧？”

苟炳程跳出来说：“不对，我根本没看见野花！”孩子们都笑了，有一个说道：“我读了《小鹿的玫瑰花》，我看过插图里的玫瑰花了。”

我点点头：“眼里没有花，心里可以想着小花；文字里没有花，图画里可以画上小花。明天大家画出小花就好了！”孩子们纷纷叫好。

几株大柳树挨在小花园北边，在春风中鼓荡着千丝万缕的枝条。柳枝已经渐渐发绿了，孩子们情不自禁地朗诵起贺知章的《咏柳》。游玩一圈后，我让大家按小组散开，各自去寻找春天。

他们三个一帮、五个一组，走进小花园的每个角落。到下课时，有人找到了几片三叶草的叶子，有人找到几颗红豆，有的抓了一把春泥。还有个小孩子撅着嘴说："我找到春天了，是小鸟的叫声。我拿不回来！"大家都有收获，大家都很快乐。"我闻着春风吹来了，我看到花儿已开了。我想爬到花树上，静静待会儿有多好。"①

第二天，午后的第一节课，天气晴朗，阳光温暖，我们又来到小园子里"写春天"。这是我和大家提前商量好的，第一节"玩课"是"找春天"，第二节"玩课"是"写春天"。孩子们带着纸和笔，轻松地游荡在寂静的小园子里。女孩们漫步在柔软的草坪上，手挽着手，指点春光；男孩们则四处奔跑，寻找可以坐下的"天然桌椅"。这次"写春天"不是写作课，不规定字数也不规定用词，我的建议是"想写就写，想画就画，喜欢什么，就记录什么。有感而发，没有感觉就算了"。因此孩子们都一身轻松，心情舒畅。

午后的微风徐徐吹来，温暖的阳光洒在小园子里。孩子们绕着小路东摸摸、西看看，时而仰头观察早发的树芽，时而蹲在墙角亲近一棵避风的牛舌草。几朵低矮的白云静悄悄地飘过天空，温柔地投影在小园子里，洒落在孩子们身上。跑跑跳跳的小孩子，就像一只只斑斓的蝴蝶，绕着枝头的春意翻飞；安静写字画画的小孩子，就像一条条优哉的小鱼，在春水里随波而动，在水草上悠悠歇脚。这一刻，他们都踏入了春之殿堂。

我随意地走过每一个孩子，蹲下来，欣赏他们的发现，和他们说说话。"咯咯咯咯"，小草听到了他们的笑声，根在地下蠢蠢欲动；"哈哈哈哈"，大树听到他们的笑声，枝叶在春风中抖个不停。我从每个孩子的小脸上感到他们对我的谢意，我也从一草一木的摆动中感到它们对我的谢意。

当我在北门口喊"回家喽"，我似乎听到园子里的花草在问："明天还来吗？"孩子们自觉地汇集过来，一起返回。回到教室后，有的孩子似乎还没写够，趴在桌子上继续抒发自己的感情。此时的他们已经模模糊糊地懂得：写作不是一种任务，也不是一种游戏，而是抒发心灵感受的方式，让人快乐。就像唱一首走心的歌曲，让人沉醉其中。假以时日，当一个孩子彻底有了这种体悟，写作将成为他的爱好和技能，而不是负担和痛苦。

当天下午，我坐在小花架前，静静品读每一篇实践日记。每读完一篇，我总会和孩子随便聊一聊他的感受。敏感的孩子，能从聊天中感受到认可，于是备受鼓舞。很

①老树.在江湖[M].桂林：广西师范大学出版社，2015.

多孩子在文字下面画了画，又可爱又俏皮。班里成绩最好的七八个孩子，还用上了最近刚学的课文中的句式——“我看到了……我听到了……我闻到了……我触到了……”其他孩子也做得很棒，从字里行间可以看出，他们有的善于观察，有的善于总结，还有的特别有画画天分。其中，不识字的吴照慧居然画了一幅小画，这令我很开心！

吴照慧的大脑似乎受到了损害，有时清醒有时糊涂。在下午第二节的体育课上，她在操场上当着几百个孩子脱裤子小便，成了大家的笑柄。第三节课我刚进教室，孩子们蜂拥而上，争相告诉我这件“给班级丢脸”的糗事——他们期待着我教育吴照慧。

“嘘！”我伸出食指，竖在嘴前，示意大家不要出声。我走近吴照慧，坐在她身边的空椅子上，搂着她的肩膀问道：“我记得你画了一幅很漂亮的画，拿出来让我拍照吧，我得让大家都欣赏一下！”吴照慧还在等着挨训呢，显然没想到我会表扬她。她一脸错愕，一时间居然拿错了本子。自始至终，我没提起那件“丢脸”的小事，孩子们也没再提起，他们似乎变得宽容了一点，纷纷传阅起吴照慧的小画，发出“啊！啊！”的惊叹声。

四、道德体验——文明和诚实的讨论

这天我们学第五课《泉水》，这篇文章写得很好。上课的前五分钟，大家像往常一样朗读课文。不少同学读过课文后，开始给生字注音，或者再读一遍。这时，苟汉飞把头低到桌子下面，不知道在干什么。

我走到他面前，问道：“读过了吗？”他说读过了。

我把书递给他说：“那请你背一遍吧。”

他斜着眼睛，愤怒地说：“你欺负人！”好像受到了极大的羞辱。

“我怎么欺负你了，你说说看？”我问道。

“你根本没让背，现在却提问我，你就是欺负人！”他的情绪有些激动，愤怒的声音里带着一丝恐惧。

我说：“在寒假预习时，我已经请大家尝试背诵这篇文章了，这不是很久以前就布置过的作业吗？”

他立马叫道：“可是你今天没说！”一旁的同学听了，都笑了起来，纷纷说道：“他根本没背过，所以胡说八道!”

我摆摆手，制止大家：“苟汉飞说的也有道理。那好，我尊重你的诚实和勇敢，等下午再提问你，可以吗？”他说可以，我请他坐下，并没有继续追究这件事。他的情绪平静下来，小脸又渐渐有了笑意，这节课他上得很开心。

因为有了这件事，所以我临时策划了当天的讨论实践课主题：诚实与文明的大讨论。下午的第二节课和第三节课是我们学校的润智课程，类型很多，比如缝纫、金工、围棋、钢琴、书法、舞蹈，还有货真价实的传统工艺——陶艺制作，多达几十种。可惜的是，学校仅允许三年级以上的孩子自主选择课程，一、二年级的小孩子只能留在教室上阅读课；有时，专业课老师也会到一、二年级挑选几个优秀的苗子提前参加润智课程。今天的润智课程时间，正好用来开大讨论会。

下午第一节课结束后，教室里立刻热闹起来，到处是“乒乒乓乓”的动静。大家把桌椅拉到教室的四边，围成一个歪歪扭扭的方框，像电视里召开圆桌会议一样。我宣布：文明与诚实大讨论会正式开始！孩子们纷纷鼓掌。

这次大讨论会有三个小议题：“驴子厉害”“嘲笑的味道”“分数的故事”，另外还有一项“老师与孩子分享一句话”的小活动。当我慢慢地介绍这些时，周熙明等不及了，插嘴道：“有话快说，有屁快放！”这话顿时引起轩然大波，大家纷纷笑了起来。

周熙明长得胖乎乎的，一对明亮的眼睛透着精明。他最大的特点就是舌头上抹了油，说话又快又滑溜，经常说些逗趣的话。我听了没生气，也跟着笑了起来。笑声一停，我说道：“同学们，我们临时增加一个小议题：大家为什么会发笑？”

孩子们对这个话题非常感兴趣，起初，有人说这句话有趣，有人说周熙明同学是个好玩儿的人。后来，胡博森站起来说“这是脏话”，而王明宇和刘静柔说得更深刻：“这样说话不尊重老师！”于恒健的观点比较新颖，他说：“别人说话的时候，插嘴是不礼貌的。”周熙明是个开朗的孩子，听了大家的意见，心里默默接受了，不过嘴上却硬气地说：“哈哈，随你们怎么说，我就这么听着！”

我说道：“那好吧，下次我们单独为周熙明同学开一次大讨论会。”这话一出，吓得周熙明急忙摇起脑袋：“不要不要，我知道要文明讲话了！”

“哈哈！”大家善意地笑了起来。

接下来，我宣布讨论第一个议题——“驴子厉害”。

“同学们，下课时，我们的教室实在太吵了。你们34张嘴，就像34个大喇叭，把这里吵成了菜市场。有的同学隔着老远高声‘呼唤’朋友，像《笋芽》里的雷公公似的；有的同学为了一件小事大声争论，好像谁嗓门大谁就有理。”我笑着说道，“我听过一句话——如果谁的嗓门大谁就厉害，那么世界的统治者一定是驴子了！大家今天就讨论一下，驴子会不会因为嗓门大就成为赢家？”

孩子们听了这个话题，高兴极了！他们你靠着我，我挨着你，热火朝天地说起来。这群小家伙其实很聪明，他们很快就在讨论中明白了我的意思，话题也渐渐转移到“大声讲话”上来。

寡言少语的梅长轩第一个举手：“在教室大声讲话，会影响别人学习。”我赞扬他的善心。不少同学都赞成他的说法，纷纷点头。小姑娘刘参圆的想法则比较独到，她说：“我们班有各种好玩儿的活动，比起其他班级，我们实在太幸运了！所以我们应该谦虚小心一点，不要大声说话啦！”我向她竖起大拇指。

同学们一一发言，说了各自的看法。最后，善良的赵文博做了总结：“我们应该小声说话。”

第一个议题结束了，大家中场休息。不久，我们又开始讨论第二个议题——“嘲笑的味道”。这是最近发生的事情。前天，我在课上提问李芮孝：“杨柳绿千里”的下一句是什么？这个问题不难，几乎所有孩子都会，但对李芮孝来说还是有些难度。

他想了想，眼前一亮，答道：“更上一层楼！”孩子们立刻爆出一阵嘲笑，纷纷指责他。正确答案应该是“春风暖万家”。我当时说，虽然回答得不对，但这两句搭配在一起，也挺合适的。现在我又提起这件事来：“你们讨论一下，嘲笑是什么味道？”

孩子们有的说嘲笑是酸的，有的说是咸的，有的说是苦的。总而言之，没有人认为嘲笑是好味道的。大家开始意识到，被别人嘲笑是件很不舒服的事。接下来，我请大家说一说自己的想法。

令人高兴的是，刘静柔说得太棒了！李芮孝本来有点脸红，头埋得低低的，在此时，他也渐渐高兴起来。因为刘静柔说：“他是我们的同学，我们不该嘲笑他，我们应该帮助他。”这份答案太完美了，因此这个议题短短几分钟就结束了。

“咚咚！”教室门被敲响，一个小插曲突然发生了——润智课程舞蹈课的老师亲自来挑学生了！

教室里突然变得静悄悄的，孩子们都有点紧张，没有人敢举手报名，毕竟都是八九岁的小孩子。他们的勇敢，被羞涩和胆怯掩盖了。

我大声说道：“想学舞蹈的同学，尽管大胆地举手，我相信你们会被选中！”

这时，张雅涵、程佳颖和张瑞娇三个孩子慢慢举起手来，她们的勇气被暂时激发出来了。

舞蹈老师似乎不大满意这三个孩子，挑剔的目光不断在教室里搜寻着，打量那些身材苗条、个子高挑、脸蛋漂亮的女孩。也许在她们眼里，对舞蹈的喜欢和热情不是特别重要，天赋和身材才是最重要的。因为好苗子才能培养成好演员，好演员才会演出好节目，好节目才能……

我与她们的看法有些不同，我更欣赏孩子们的热情和勇气、果敢和认真。此时我站了起来，跟舞蹈老师说："就让她们先去试试吧！"

舞蹈老师勉为其难地记下了她们的名字，说道："好吧，下周去舞蹈教室试一试。如果不行的话，就让她们回来。"虽然这句话有些残忍，但还是皆大欢喜。至少孩子和老师都尽了最大努力，她们也得到了机会。

"哇！"其他孩子都羡慕地看着她们。我重新坐下，笑着说道："机会稍纵即逝，所以只留给那些勇敢果断的人，希望下次有你。"孩子们听了，默默点头，若有所思。

大讨论会的最后一个议题是"分数的故事"。我清了清嗓子，给大家讲了一个真实的故事。

期末考试之后、放寒假之前，试卷被教务处收起来了，成绩单却发到老师们手中。这份成绩单有些怪异，因为上面有三个分数特别扎眼。第一份是苟炳宇的试卷，得了0分；第二份是吴照慧的试卷，得了85分；第三份是张雅涵的试卷，得了79分。苟炳宇是个可怜的孩子，他从小患有肾病综合征，靠激素和药物维持生命。去年期末考试时，他的肾病发作，只好到北京住院治疗，这一去就是两个月，也就错过了期末考试。吴照慧的智力有点问题，平时只能考几分，这次却一反常态，让我大吃一惊。张雅涵有个聪明的脑袋瓜，考到90分应该没问题，这次居然不到80，同学们都惊讶极了！

新学期开学后，教务处通知老师去查卷，也就是检查一下试卷得分计算是否正确。我查完试卷后，发现吴照慧和张雅涵的分数都搞错了。吴照慧的分数其实只有8.5分，粗心的老师看成了85分，记录在了成绩单上。张雅涵的试卷则是直接算错了，她的真实成绩是89分。

我找到教务处的老师，请对方给张雅涵加了10分，改为89分，然后默默地离开了。我在办公室里想了一会儿，叹了一口气，又重新回到查卷室。拿出吴照慧的卷子，把加错分这件事诚实地告诉了教务处的老师，把吴照慧的成绩改回了8.5分。

孩子们听了我的讲述，都感到很惋惜。因为他们也知道，班级的总分决定着我的教学成绩，决定着老师的荣誉，一下子从85变回8.5，少了70多分，这真让人难过。孩子们感到惋惜的同时，又对我产生了深深的佩服。

“我不给吴照慧一个好成绩，却能让她和我一起做一件诚实的事情，”我挥挥手，止住大家的讨论，微笑着说，“你们觉得我是吃亏了，还是占便宜了？”

有的孩子说是吃亏了，但更多的孩子说是占便宜了。我继续问道：“为什么？”

有的孩子说：“老师很诚实，做人应该诚实。”

有的孩子说：“这样做是对的。否则对其他班级也不公平。”说这话的孩子叫刘梦圆。我真替她感到高兴，她是个能为别人着想的好孩子。

我说道：“孩子们切记，诚实是最重要的。成绩就像一只精美的盒子，诚实却像一颗珍贵的宝石。如果为了拿起盒子就扔掉宝石，那真是太可笑了。”

孩子们鼓起掌来，他们听到这件事高兴极了。因为有一位老师，真的在他们面前做了一件诚实的事情，而不只是嘴上说说而已。因为很多老师（包括过去的我）为应付上级视察或维护本班的利益，都做过一些不诚实的事情。

如此，我们就不要抱怨孩子会说出“我的作业本被老鼠咬碎了”这样拙劣的借口了，因为他们撒谎的技巧，都是教师和家长亲自传授的。

今天正是因为学生接触到了真正的诚实，所以他们高兴极了。他们一致表示：假使以后没写作业，他们也会诚实地告诉纪老师，而不是撒谎骗人。

文明与诚实大讨论会非常成功。除了王傲雪和巴雍琪到润智教室学美术，其他32个孩子都参加了。小摄影师王源鑫为大家拍下了宝贵的照片，她是最辛苦的，我们都很感谢她。最后，我与大家分享了一句妙语：“心存善念，才会被世界温柔相待。”虽然孩子们还不能完全理解，但他们还是很喜欢老师说的这句话。

五、生命体验——我不是最弱小的

每天上午9点30分是大课间活动，大概半个小时。孩子们站得整整齐齐，一个班级跟着一个班级，好像一条巨大的节肢昆虫“游”向操场。

说是活动时间，但也不是自由的。孩子们都必须老老实实地站在自己的绿色圆点上做操。在铺着假草的草坪上，每隔一两米就有一个油漆涂抹的圆点，它们像一颗颗无形的钉子，牢牢地钉住了孩子们的双脚。

以前，我们学校的课间活动是武术操。这是一位体育老师自己创编的，非常有意思。体操里融合了许许多多的武术动作，有的像太极拳的慢动作，有的像武打片里的快动作，做起来有张有弛、虎虎生威，再加上动人心魄的音乐，让人充满了正气和活力。我也常常跟着做，虽然做得不大标准。

让孩子们失望的是，去年武术操被取消了。学校花钱从外地请来一位跳绳专家。那位专家在学校待了半天，站在操场边上说了几句话就走了。厉害的专家走了，他创编的跳绳操却留了下来。

这套跳绳操看起来很有趣，花样也多，不过要连续跳20分钟，简直让人跳得缺氧；而且学校操场太小了，跳绳一旦抡起来，就会你打着我，我碰着你。

今天天气很好，微风吹着白云，缓缓飘过操场。喇叭里传来嗡嗡的指挥声：

“自由跳，100个！”

“双腿开合跳，100个！”

“双腿前后跳，100个！”

“摆钟跳，100个！”

“男女混合跳，5分钟！”

孩子们就像石磨上拴着的小毛驴，被喇叭里刺耳的女高音催促着，玩儿命地跳。起初孩子们跳得很开心，没一会儿就累得不行了。吴照慧在队伍后边四处乱跑，我没去管她，我只想让她更开心些。

“哎哟！”一声痛呼传来，是一个孩子被跳绳打着眼角了。不一会儿，好几个孩子都受伤了，忍不住哭起来。

“啊！”苟皓月大叫一声，突然呜呜地哭起来。我和孩子们围过去，只见她的额头上又红又肿，大概是被跳绳打伤了，有些严重。一旁的宋昊臣红着脸，低着头说：“我不是故意的。”

我没有责怪他，只是给他一个安慰的眼神，然后拍拍苟皓月的肩膀，说：“跳绳难免会受伤，待会儿就不疼了。”

大课间后，孩子们回到教室，我坐在小花架前批作业。这时，苟皓月的额头上已经鼓起一个大包。我一边批改作业，一边悄悄抬眼观察大家的表现。徐玉清来到苟皓月身边，嘟起小嘴，轻轻吹苟皓月的额头，其他几个关心同学的好孩子也来拉着她的手，小声安慰她。

这节课学习的课文是《雷锋叔叔，你在哪里》。孩子们都知道，雷锋是一个好人，他做了很多好事。上课时，孩子们深情地朗读着诗歌，好像被雷锋感动了。最后，我们同读了一句赞扬雷锋的名言——一个人做一件好事并不难，难的是做一辈子好事。

聪明的孩子大声说道："我们要当好人，做一辈子好事！"其他孩子也紧接着说："我也是！"

出乎孩子们意料的是，我并不欣赏大家做好人的"决心"。

我说道："孩子们，你们见过镜子吗？镜子正面是明亮的，背面是灰暗的。人也是一样，有善良的一面，也有灰暗的一面。孙悟空那么神通广大，但他还去偷蟠桃吃；灰太狼那么卑鄙，却深爱着自己的妻子和儿子。"

孩子们有些迷惑了。

"我不期盼你们能做一辈子好事，我只希望你们要多做好事。"我严肃地说。

孩子们静静地思考着这句话。见状，我给大家讲了一个故事——

在学校西边的菜市场入口处，有两个卖苹果的商人。东边的大汉长相威武，面带微笑，他的苹果又大又漂亮，而且每一颗都贴着进口的品牌标签，看起来很高级、很好吃。西边的是位个子矮矮的老大爷，他弯着腰，守在一只破框前。掀开破筐上的烂棉褥，下面有一些又小又难看的丑苹果。

许多人都来买苹果。他们路过老大爷的摊位前，看到丑苹果上的小黑点，不屑地撇撇嘴。他们喜欢大汉的漂亮苹果。买来送给亲戚朋友，多好看！后来，人们终于发现了真相。原来，撕下漂亮苹果的标签，底下就有一个腐烂的黑窝，那黑窝直接烂到了苹果肚子里。这可比丑苹果上的小黑点严重多了。

我说："有的人就像贴了标签的苹果，看起来是个大大的好人，其实坏到肚子里了。有的人就像丑苹果，有些毛病和缺点，但他们的内心还是香香甜甜的，为人还是真诚善良的。我愿大家都做这种真诚的人，而不是用标签掩饰自己缺点的人。"

有的孩子似乎听懂了我的话，有的孩子似乎什么也没听懂。但每个孩子都感受到这些话的特殊，因为它不像从前听过的话语——那么高尚，又那么空洞。这话里带着一种真诚的味道。

今天的"玩课"是师生游戏，我和大家一起到操场上打沙包。不幸的是，有两个同学没有在下午1点50前完成作业，不能参加。我临走时嘱咐他们："好好写作业，努力呀，不要再错过明天的活动！"

我们一起到操场上打沙包，这游戏可好玩啦！一帮人分成两组，一组在两头扔沙包，一组在中间来回躲避。我也是组里的一员，是大家最难对付的“敌人”。快乐的时光跑得比小白马还要快，今天就这样结束了。

第二天一大早，孩子们陆陆续续地来到学校。我走进教室，看到王羲炜和几个孩子正在小声聊天，还有几个孩子正在提前写作业。

“孩子们，早上好！”我和大家打了个招呼，转身签到去了。

孩子们愉快地说：“早上好，老师！”接着又各忙各的。

上课前，张鑫浩找到我，低着头说：“老师，我没写作业。”我听了很高兴，因为他诚实地承认自己没写作业，而不是找其他借口。我对他说：“下午补上就行。”

不过，孩子们第二节课见到我时，我却不大开心。此时我抱着一大摞学生素质教育评价手册，上面还有两盒彩色粉笔。每个学生每一学年都有一本素质教育评价手册，里面有各科教师对这个孩子的评价。每次填写时，语文、数学、英语、音乐、美术、品德与生活课的老师都要在上面打分；体育老师会把每个学生的身高、体重、视力等数据填上去；班主任更辛苦，还要在最后写出一段长长的评语。至于学生分工，就更复杂啦！他们得帮着教师涂笑脸、画星星，得洗出照片贴在前边，制作小手工贴在后边，还要把每一位老师的姓名和电话写上去……几个孩子把手册发下去后，我叹息着说：“今天恐怕没有活动时间啦，就连上课时间也快没有啦！”

孩子们惊讶地问：“怎么了？”

我说：“教务处要我们今天填好素质教育评价手册，放学之前就要交上去。德育处要我们今天办一期新的黑板报（二年级的孩子连黑板都够不着，而且也不看）。今天下午的第一节课，安全处还要集合所有的班主任，去校外做消防演习。下午最后一节课，少先队要求我们开一节‘学习雷锋’的班会。”

“哎呀！”孩子们简直失望透顶！因为一个星期以来，我几乎每天都有一节课时间被“耽误”。星期一，我参加班主任会议；星期二，我参加教务处会议；星期三，我参加校长主持的会议；星期四我终于休息了一天，今天又忙起来了。

我在教室时，从来不感到累，但现在似乎很累了。我曲着腿，身子斜靠在讲桌上，说道：“黑板报就让王傲雪和巴雍琪把大标题改一改吧。至于素质教育评价手册，你们在完成作业后，再慢慢做。”

今天要讲的课文是《我不是最弱小的》。课文讲了一件事：小萨沙一家人到公园游玩，突然下起雨来。爸爸妈妈把唯一的雨衣让给哥哥，哥哥又把雨衣让给萨沙，因为萨沙是最弱小的。懂事的萨沙也想保护更加弱小的，就把雨衣让给了雨中的蔷薇花。蔷薇花得到雨衣的保护，开得更娇美了。

这真是一篇好文章，孩子们都被萨沙感动了。我赞许：‘昨天，苟皓月的额头受伤了。你们帮她吹时，就像萨沙给蔷薇花披雨衣时一样感人。这比你们考了一百分还让我高兴！”

那几个关心苟皓月的孩子笑了，其他孩子羡慕地看着她们。

到了下午最后一节课，就是开班会的时候了。开班会是一件很有趣的事情，比如学雷锋班会，一般我们先要在黑板上写上粗粗的“学习雷锋好榜样”几个大字，然后老师给孩子们播放一些关于雷锋的短片，最后再给大家讲一些好人好事。这个过程中，负责检查的老师会推开门，像警察一样雄赳赳气昂昂地站在门口，看看我们有没有写大字，有没有放视频。

“说一千道一万，都不如亲自去做一件好事，”我说道，“今天我们就不开班会了，我们一起去‘帮助’更弱小的。”

“呀！”孩子们一齐欢呼起来，又不解地问：“去干什么呢？”

“最近看天气预报，下星期要降温了。今天是18度，温暖得像待在阳光房里，下周就是零下三度，大家好像从火炉回到了冰箱里。对我们来说，多穿点衣服就扛过去了，可是植物不行啊！”接着，我说了说我的计划。原来，因为最近天气转暖，不少花草误以为春天到了，急急忙忙从地下探出头来，伸展叶子，享受明媚的阳光。一旦下周降温到零度以下，它们可就惨了！我决定带大家去拯救小草，度过“寒”关。

接下来，我讲了挑选、移栽和浇水的注意事项，又做了基本的实践步骤安排。6个小组的组长负责清理旧花盆，寻找肥沃的土壤，其他同学负责寻找怕冻的植物，我负责“鉴定”。

今天下午的风又温暖又有劲，从校园东边吹到小园子里，翻过高高的墙头，吹往西边的集市。孩子们迎着风，张开小胳膊拥抱春天。春风从大家的胳肢窝儿溜过去，刘瑞琪说：“我感觉春风在挠痒痒呢！”我觉得她这句话太有意思了。

大家在小园子里分开了，按照分工忙碌起来。组长们把花盆里的碱土轻轻磕出来，到松树底下寻找松软的松针土，到碎木头下挖来肥沃的黑土，有几位组长挖了一些湿乎乎的春泥。

小园子南边的围墙下，大多数孩子正在找植物。校园里的植物都是枯黄的，只有这里有一些露出头的野草。孩子们找到植物，大声招呼同伴来研究。

“你瞧这个，叶子又薄又宽，一定怕冻吧？”

“还有这一颗，没有茎，只有草叶，应该也怕冻！”他们扒开小草周围的枯枝败叶，露出新鲜的泥土。

“请纪老师来看看！”他们喊道。

我走过每个孩子身边，欣赏他们的发现。我有时点点头，有时摆摆手，孩子们就明白了。他们用尺子、小刀或剪刀顺着小草挖下去，保留草根周围的土球，再小心翼翼地掏出来。这就像面点师切下一块香喷喷的蛋糕，有趣极了。

小园子的西南角就是垃圾箱，垃圾箱周围的草地上散落着不少废纸。我说：“大家都来帮忙捡一下。”

孩子们一窝蜂地围上来，但没过一会儿，他们就又急急忙忙回去挖草了，地上的垃圾还剩不少。垃圾箱边，只剩刘静柔一个人。她是个瘦弱的小姑娘，平时说话不多，但很乖巧。她弯着腰捡起废纸，又直起身子，丢进垃圾箱。孩子们都走远了，她还在不停地弯腰。

她很认真，她是今天做得最棒的。

20分钟后，孩子们按小组集合。在我的指导下，他们开始种草了。他们将花盆中的土挖开一个坑，种下带着土球的小草，然后均匀地填土，直到泥土埋到小草的茎上。小草用细细的茎叶收集阳光，用发达的须根呼吸氧气。它的茎就像我们的脖子，如果被埋住，就会呼吸困难。

几盆小草都种好了，细心的孩子梳理着叶片。大家一起到水管边给花盆浇透水，用塑料袋包住花盆返回教室。他们是怕泥水漏到地上，弄脏美丽的小路。

他们路过大柳树，大柳树已经吐出了毛茸茸的柳絮，和前几天大不一样了。

“大柳树渐长了！”孩子们欣喜地喊道。

“你们也有进步！”我笑着说。

周末两天，大家写了日记。

苟汉飞在《第六次实践日记》里写道：“我帮助了弱小的植物，我不是最弱小的了，我很高兴！”他就像课文里的萨沙，用自己的本事去保护别人。

苟红河在《第六次实践日记》里写道：“我们很开心，因为我们帮小草搬进了温暖的房子。”是啊，我们眼里脏兮兮的花盆，正是小草最需要的温室。

还有一个孩子，直接在日记后面画上一只花盆，在日记里提到花草时不写“花草”两个字，而是直接画上了一朵花，这太令人喜欢了。她说：“这是我亲手栽的花。”我在心里默默地称赞她。

写得最好的就是苟炳宇了，我把他的日记打印出来，与大家分享：

今天下午，老师带大家到小园子里，帮助小草度过寒流。

大家在这里寻找冒头的小草。这时，王傲雪在杂乱的草丛中发现了几株刚发芽的小花，嫩嫩的小芽儿在微风中显得那么弱小。我们决心帮助它。

苟红河和苟炳程拿来几个花盆，把它小心翼翼地移在花盆里，我们把花盆搬进温暖的教室，给花草浇水。

花儿笑着向我们点头，好像在说：“谢谢你们，是你们让我重新活下去。”

读了苟炳宇的日记，我们感动极了。我对苟炳宇说：“太好了，你写到我的心里去了！”

这一次，大家都体会到了生命的珍贵。

六、想象体验——给我一双翅膀

今天果然降温了，寒冷的北风呼呼吹着。

上课前，我接到一个电话。电话是苟红河妈妈打来的。她在电话里说，苟红河拿着六元钱去商店买橡皮。他没花钱，却偷了三块橡皮。商店的老板当时没看到，却在监控视频里发现了“小偷”，并把这件事告诉了苟红河的妈妈。苟红河的妈妈感到很丢人，因为这已经是苟红河第二次偷东西了，她希望我帮帮忙。

当然，班里没有其他孩子知道这件事。

巧的是，《语文园地二》的课件里正好有一首生字歌：“小老鼠，进粮仓。偷粮吃，出不来。勾住门闩打不开，急得抓耳又挠腮。伸出小爪把头拍，说是再也不敢来。”

学到这首生字歌时，我请几位同学朗读，孩子们读得很好。最后，我请苟红河讲一讲生字歌的意思。苟红河还不知道妈妈打电话的事情，他挺着肚子，理直气壮地说：“老鼠偷东西吃，进了粮仓出不来了，吓得以后再也不敢偷了！”

我听了他的话，忍不住笑了，问道：“那么你说，偷东西对不对呢？”

苟红河大声说：“当然不对！”

“原来这样啊，”我盯着苟红河，“那么，你偷过东西吗？”

苟红河说道：“没有！”

“真的没有？”我又问道。

“唔……”苟红河的小脸“腾”地一下子红了，两眼低垂着，左右乱瞟，不敢直视我。

“哈哈，开个小玩笑。苟红河同学请坐吧！” 我笑了笑，开始提问下一个同学。没人发现苟红河的秘密。只有他自己在深深的不安之中，度过了这节课。

这一天我阅读了34个孩子的日记，批阅了32个孩子的习题，和12个孩子面对面地聊天，鼓励没完成作业的两个同学“努力呀，再给你一次机会”——其实，我已经给过他们好多次机会了。

剩下的时间，我一直在努力策划着下午的讨论会。经常有孩子走到我跟前，请我看一下错题，或者打个小报告。这时，我就轻轻合上蓝色皮面的工作笔记本，与孩子们随意聊几句。等大家走了，我又打开笔记本，边想边写。

第三节数学课时，吴照慧出了件“大事”。她跑去上厕所，却拉在裤子里了。当时气温只有两度，女厕所的抽风机还在呼呼地转着。吴照慧一时间没有别的裤子可换，站在厕所里，可把她冻坏了。

我接到电话后，赶紧给吴照慧的爸爸妈妈打电话，让他们送衣服来。

这件事折腾了一节课，上午的时光溜走了。至于“小老鼠”苟红河的事情，我还没时间考虑。

我吃过午饭，在教室休息了半小时。在梦里迷迷糊糊听到门响，就知道有人来了。看看表，刚一点钟，我不忍心让孩子站在楼道的冷风里等候，急忙收起垫子和毯子，推开门一看，是张吉璇。

大约到了1点20分时，班里许多人都来了。孩子们有这样那样的作业和问题，到窗边的小桌子前找我，我慢慢应答。午后的阳光洒在我身上，我突然感到：教师确实是太阳底下最光辉的职业。几盆小花住在我身后的小花架上，正开放着一簇簇米黄的花朵，馨香飘荡在教室里。

今天讨论会的主题是“假如我有一双翅膀”，孩子们很喜欢这个话题，因为大家都向往自由的天空。

大家把桌子拉到教室四周，形成一个长方形。在长方形中间的空地，摆好两张桌子、两把椅子，就像登山的阶梯。这就是讨论会的舞台了。

这时，宋昊辰抱着一个大相框，走到孩子们面前。他绕着“长方形”一边走，一边展示相框里的东西。

“哇，蝴蝶！”先看到的孩子惊呼起来。

“蝴蝶标本！”马上有孩子纠正道。其他的孩子也纷纷往这边伸直脖子，想走前欣赏一下。

相框里有八只美丽的蝴蝶，每一只都长着硕大的翅膀。那蓝色的翅膀，好像剪下来的一截天空；那红色的翅膀，好像两簇火焰；那白色的翅膀，像是清水里漂动的轻纱；那黄色的翅膀，仿佛飞落枝头的秋叶……

“太美啦！”孩子们惊叹道。他们都被蝴蝶的翅膀吸引住了。谁不想拥有一双翅膀呢？相信在梦里，我们都曾欢快地飞翔。

宋昊辰围着教室，展示了两圈。我说道：“同学们，蝴蝶有一双美丽的翅膀。清晨，她在热闹的花丛里翩翩起舞；傍晚，她在宁静的池塘上从容低飞。蜻蜓去过荷花的头顶，云海抚过苍鹰的羽毛。如果你也有一双翅膀，你想飞去哪里？”

孩子们兴致勃勃地讨论起来。

刘瑞琪说：“如果我有一双翅膀，我想飞进花朵里，在里边美美地睡一觉。”刘瑞琪虽然身材娇小，但性格独立，是个大胆、自信的小女孩儿。她的嗓音像叮咚的流水一样动人，全班同学都喜欢听她朗诵。我也很欣赏她。

张雅涵说：“如果我有一双翅膀，我想飞到太空中，去看很多很多的星星！”张雅涵的翅膀飞得真远，大家都震惊了。其实，她的爸爸就在学校西边的集市上卖水果。有一天中午，我路过那里，看到张雅涵正趴在水果摊上写作业。她真是个能吃苦的好孩子。

笑眯眯的周熙明说道：“如果我有一双翅膀，我想把我爸爸妈妈装在一个大篮子里，然后叼着他们到处去玩！”听了周熙明的奇思妙想，大家哈哈大笑。周熙明长得白白胖胖的，脸上有两个小酒窝，时常露出一副满不在乎的样子，就像一个小弥勒佛。他喜欢跟老师唱反调，但他的聪明睿智令大家佩服。

他继续说道：“我还想当紧急救援人员，发生灾难时，我就能飞过去抢救啦！”话音刚落，大家为他鼓起掌来。

我又请梅长轩发言。梅长轩声音很小，他说：“如果我有一双翅膀，我想把那些断了线的风筝追回来。”他的想法很独特，丢过风筝的孩子朝他竖起大拇指。

接下来，孩子们七嘴八舌说了很多。有的说要飞到沙滩上去，有的说要飞到动物园，还有的要飞到北京天安门广场看升旗。这些愿望对大城市的孩子来说实在太普通了，轻轻松松就能实现，但对乡镇的孩子们来说，必须插上一双翅膀，才能实现。

下课铃响了，孩子们出去做操。半小时后，大家又回到教室，重新坐好，继续我们的讨论会。

我宣布，讨论会进入第二阶段：给你一双翅膀。

我准备了很多仿真的蝴蝶翅膀，想赠送给那些“飞得起来”的孩子。“飞得起来”，意味着梦想可能实现。

马瑞林推开桌子，走上中间的“舞台”，大声说：“假如您给我一双翅膀，我想飞去台湾，看望台湾小朋友！”孩子们在上学期学过一篇课文《看雪》，文中讲的是台湾小朋友盼望到北京看雪。马瑞林至今还记得台湾小朋友，他可真是了不起！不过，我没有给他这双翅膀。

巴延瑞说：“如果您给我一双翅膀，我要飞到天上去，飞到海上来，去帮助所有有困难的人！”我夸赞他有爱心，但也没有给他翅膀。

这时，吴照慧居然举起手来。她说：“要是我有翅膀，我想去哪儿就去哪儿！”

我特别高兴，鼓着掌说：“自由是每个人都向往的，你真棒，棒极了！”我每天课间操时都会到队伍后边看看她，在午后陪她念书，最近她变得开心多了，也偶尔听听课。不过，我也没有给她翅膀。

第一个得到翅膀的人是程佳颖。她说：“如果您给我一双翅膀，我想去园博园看看。”园博园就在我们市区，全名是山东省园艺博览会公园。虽然博览会已经办完好几年了，但美丽的公园留在了东营。

我说：“我要帮你实现这个梦想，我给你一双翅膀。”我把一枚精美的蝴蝶翅膀递给她。

第二个得到翅膀的人是王傲雪。她说：“如果您给我一双翅膀，我想飞到高高的天空，俯视黄河奔流的壮观景象。”不得不说，王傲雪很有见识。她的才华与她的品德同样美好。她总在不经意间就闪闪发光，像一颗明亮的小星星。

“黄河就在不远的地方。即使你不能飞到上面，也能站在高高的大坝上欣赏它。我想，这个梦想你自己就能实现。”我送给王傲雪一双翅膀。

王羲炜站起来说：“如果您给我一双翅膀，我想飞到高空中，去摸摸云彩有多么柔软。”

“好，我送你一双翅膀，让你去摸一摸。”他的梦想不好实现，但他的话把我打动了，我小时候也有这样的梦想。

第四个得到翅膀的人是苟皓月。苟皓月是我们班的语文课代表，很机灵也很聪明，但常常哭鼻子，上次被跳绳打伤的人就是她。她说：“如果您给我一双翅膀，我想去参观恐龙化石博物馆。”

孩子们听得张大了嘴巴，又“哗”的一声笑出来。这个梦想看起来很简单，但其实比上天还要难呢。苟皓月一定是阅读了课文《恐龙的灭绝》，所以产生了兴趣。孩子们都很想去看看，不过他们也知道，那是不可能的。爸爸妈妈不会给他们出钱，也不会陪他们去。

令孩子们吃惊的是，我也递给苟皓月一双翅膀。

“同学们，这个梦想不错。离我们这里最近的恐龙化石博物馆在山东诸城。那里被称为‘鸭嘴龙的故乡’，是很多孩子梦寐以求的地方。开车来回的话，大概要八九个小时。不过，我能实现大家这个愿望。”

教室里沸腾了！孩子们纷纷说“不可能”，但内心却忍不住畅想起来，有个孩子甚至问道：“老师，早晨几点出发？”

我没有再说话，心中自有打算。这件事就这样过去了。接下来，小摄影师王源鑫说道：“如果您给我一双翅膀，我想飞去56个民族看看。”

我说：“这个想法很好。我送你一双翅膀，不为别的，为了奖励你辛勤地拍照。”

这次讨论会效果好极了！刘梦圆和徐玉清居然还爬上了高高的舞台，大胆地面对同学，说出自己的梦想。她们眼神里的怯懦，被勇敢的步伐踩在脚下。其实在这一刻，她们已经拥有了一双飞行的翅膀。

孩子们对着身边的人说完最后一个关于翅膀的梦想。这时，我站起来，缓缓地说：“你们的聪明才智，就像这些仿真的翅膀，使你们尽情想象，畅所欲言。你们的努力和勤奋，才是真正的翅膀，它将带你们飞过池塘花园，飞过五湖四海，领略无限秀丽的风光。”

孩子们听懂了我的话。一个孩子问：“老师，如果你有一双翅膀，你最想飞到哪里？”

我摘下麦克风，轻轻说：“如果我有一双翅膀，我最想飞进你们心里。”

孩子们听了，都愣住了。刘瑞琪走近我，仰起头说：“老师，我希望你的梦想能实现！”

我拍拍她的肩膀说：“我一定能！”

大家都很喜欢这个答案。不过周熙明说：“飞进我的心里？哎哟妈呀，可吓死我啦！”

大家都笑了，我也笑了。

七、经历改变，与你同行

周五是个特殊的日子。因为第二天就是周末，孩子们可以开心地玩，比如到大棚摘草莓，去庄园里看猴子。即使随便逛逛，也很令人高兴。

上周末，张吉璇到荒草地里采了许多苍茸，拍了一张模糊的照片，上传到“二年级二班之家”的微信群里。同学们很好奇，连我也忍不住问道：“这是什么？”

张吉璇说是苍茸。我看到“茸”字，就以为那是和“松茸”一样可口的菌类，说道：“可以卖给我一点吗？我还没吃过苍茸呢！”

等到这个周一大家来上学时，张吉璇没有把苍茸带来。她笑着告诉我：“苍茸就是苍耳，是一种长满刺的植物种子。”大家听了，都忍不住笑了起来。苍耳是什么，孩子们太清楚了。一篇课文中提过：“苍耳妈妈也有好办法，她给孩子穿上带刺的铠甲。”

说这个周五很特殊，还有第二个原因——有人要过生日。周四晚上，我在微信群里说：“明天有人过生日，老师请大家吃美味的蛋糕。”孩子们听了都半信半疑。

今天早晨孩子们一到教室，就互相打听起来：“你知道谁过生日吗？”

“不知道。”他们都得到同一个答案。

今天上午有一点自习的时间。我说：“我和苟红河在门外待一会儿，你们自己看书，行吗？”

大家说好，我就和苟红河出去了。接下来的事情，只有苟红河知道了。

他跟在我身后，来到教学楼小南门的台阶上坐下。苟红河是我们班最胖的小伙子，比我还重20斤。他对吃格外感兴趣，常常说“我今天早晨吃的牛肉面”“我今天中午吃的炸酱面”“我今天晚上吃的这样那样的面”……不过现在他的脸色很不好，低着眼睛望着台阶，一言不发。

我在他身边坐下来，似笑非笑地说：“说吧，说说你的事情。”

“说什么？”他问道，又接着心虚地说：“是那件事吗？”

我点点头。苟红河开始讲那件事。

“那天，我去商店买橡皮。我拿了六块钱，先买了一瓶汽水，花了四块钱；又买了一个零食，花了两块钱。我想买橡皮，但我没钱了，我看见没人，就拿了三块。”

我笑了，说道：“可是我听说，你的六块钱一分都没花，全都拿回家了。事情好像和你说的不一样。”

苟红河的脸红得发紫。

“如果偷东西使人丢掉了自尊，那撒谎就使人丢掉了诚实。”我望着操场上奔跑的孩子说，“今天你丢掉了两样宝贵的东西，它们比那两块橡皮贵重得多。”

苟红河变得很难过，这时他才放弃了蒙混过关的想法，有些后悔了。

我说：“你丢掉了两样东西，但你会得到另外两样东西——羞耻和勇气。”

苟红河没听明白我的话，问道：“什么勇气？什么羞耻？”

我说：“读过《我为你骄傲》那篇课文吗？”

“读过。”苟红河说。

这篇课文讲了一个感人的故事。一个调皮的小男孩，常常往一位老太太家里扔石头。一天，他不小心打碎了老太太家的玻璃。小男孩害怕极了，飞也似的逃走了。他回去以后，越想越觉得对不起老太太，虽然没有人看见他干坏事，但他的心里很难受。于是，他开始靠着给人送报纸挣钱。后来，他终于挣够了7美元——这是一块玻璃的价钱。他写了一封信，讲了事情的经过，又把钱一起装在信封里，投进了老太太家门口的信箱。第二天，老太太却将信封还给了他。信封里的7美元一动未动，只是信的内容变了。那上面写着五个字：我为你骄傲。

“故事里的小男孩感到心里难受，这就是羞耻；敢于承担责任，这就是勇气。知道羞耻的人才会变得更好，我也希望你像他一样。”我说道。

苟红河渐渐地明白过来，他抬起头来，疑惑地问：“我明白了，偷人家的东西，人家一定有损失，这样不好。不过，我能干什么工作去挣钱呢？”

我说：“那我就给你提个建议。我们班里有很多废纸，都被打扫进垃圾桶了。这些废纸会被堆成一堆，在校园西边烧掉，这实在太浪费了。其实如果我们把它收集起来，卖给收废品的人，这些废纸就会变废为宝，重新利用了。完成这件事需要一位勤劳的废纸回收工，你愿意干吗？”

“唔……我愿意！”苟红河思考了一下，大声说。

我点点头：“嗯，就这样说定了！”

“不过，我偷东西的事情你要保密，这是咱俩之间的秘密！”苟红河说。

“没问题。”我站起身，长长地出了一口气，“回去吧，我得告诉大家你的新工作，让他们支持你。”

孩子们听说了苟红河的新工作，都很认可这位胖胖的废纸回收工，纷纷表示只要有废纸，一定会给他。我还专门给他腾出两个空抽屉，作为“废纸回收站”。苟红河的事情，就暂时告一段落。

课间操后，王傲雪和王羲炜不见了。不一会儿，两个人提着一个大蛋糕回来了。机灵的巴延瑞看到我亲自打开蛋糕，急忙说道：“祝老师生日快乐！”其他孩子也立刻醒悟了，祝贺我生日快乐。

我打开蛋糕盒子，里面是一只高两层、宽一米的大蛋糕。蛋糕周围是一圈红红的奶油寿桃，中间有一簇五颜六色的牛奶玫瑰花，几颗果肉洒落在花瓣中间，好像晶莹的小珠子。在花团的下方，写着一行愉快的小字。

“一起生日快乐！”孩子们一块念出来。

“我们一起过生日吧，好不好？”我问道。

“好！”

孩子们和我一块吹灭蜡烛，开始分蛋糕。孩子们里三层、外三层地围着我，大家都期待着第一个分到蛋糕。

我切下第一块蛋糕，举起来问道：“谁要？”

孩子们纷纷举手。不过坐在我身边的几个孩子却没举手，只是静静地等着。我看了一眼举手的孩子，回头对身边的孩子说：“麻烦你，把蛋糕传给最外边一圈的同学。”

这个孩子小心翼翼地接过蛋糕，递给身后的人。接到蛋糕的人没好意思留下，又转身递给更靠后的人。就这样，一块、两块、三块……越来越多的蛋糕被送到了最外边。

围坐在我身边的几个孩子，始终安静地把蛋糕传给外边的人。在最外边也有几个特殊的孩子，他们看到这几个孩子的谦让、友爱是那么迷人，老师看他们的目光是那样的欣慰，因此他们接到蛋糕后，也让给了身边的人，甚至位置靠里的人。

这简直太棒了！这些孩子在分享蛋糕的同时，也分到了一份友爱的心。

这天，大家像平时一样做课间操。天气还是有点冷，孩子们穿得厚厚的，灰色的云彩笼罩着操场，远处不时传来孩子们的欢笑声。

我走近队列的前头，看着孩子们跳绳。站在排头的刘瑞琪和李芮孝正在跳双人跳绳，两个人挨在一起跳着，跳绳像半个“8”字似的在空中飞舞，两个孩子仿佛一对花间穿梭的小蝴蝶，你来我往。

“跳得很好！”我走过他们时，忍不住赞扬。后边的孩子们也在成双成对地跳绳，虽然有的孩子还不会，但大家学得很开心。

我们的体育老师姓刘，是一位认真负责的老教师。他虽然50岁了，身体却很健壮。他的目光炯炯有神，双腿矫健有力，一口气能围着操场跑15圈。现在，他正拉着一个孩子的小手，教他怎样握住跳绳手柄。

我跟刘老师打了个招呼，继续向后走去。看向队列的最后方，我突然发现吴照慧不见了，于是快步走到后排，四处张望。

终于，我的目光穿过一小段草坪，越过宽宽的红色跑道，定格在操场远处——铁网围墙。

吴照慧正在摇跳绳，像其他成双成对的孩子们一样摇动着跳绳。这是两个人才能完成的动作，她一个人怎么能做到？我悄悄走上前去，想看个清楚。

啊，我呆住了！当我看到眼前这一幕景象，心里真是难受！

此时，吴照慧抓着跳绳的一只手柄，轻轻摇啊摇啊。跳绳的另外一只手柄，被她插在了铁网的空格里。这个角落远离了所有的孩子，冷冷清清，连操场上孩子们的欢笑声都传不过来。她摇得那么认真，那么专注，都没有发现我站在身后。她是多渴望有一个一起摇跳绳的小伙伴啊！可是，没有一个孩子愿意和她一起跳。

我默默走到铁网前，摘下手柄，说："走吧，我们回到队列里，我和你跳绳。"

吴照慧笑着说："哦？好啊。"她跟着我回去了。

吴照慧和我一块摇起跳绳，她摇得很棒，脸上洋溢着欢乐，连跳绳也在风中呼呼地响起来，好像开心地笑出声来。吴照慧不会跳绳，我就在中间跳啊，闪啊。周围的孩子们也高兴地围过来观看。

最后，我请王铭宇陪她跳了一会儿。王铭宇是个善良的小男孩，他的陪伴，让吴照慧快乐起来。

这一天晚上，我写了几句小诗：

你在这个世界没有朋友/只能与铁网跳舞/铁网虽然冰冷/但它不在乎你的智力和分数/今天我良心发现/我替操场上的老师和同学感到耻辱/孩子/你称我为老师/我带你走出孤独/今后的每一天/我陪你跳舞

生态语文课堂小实践

笔者曾反复研读《窗边的小豆豆》《爱的教育》等知名教育作品，对其中体现自由、尊重人性的教育理念和教育方式比较认可。例如，《窗边的小豆豆》中的巴学园允许孩子自主选择上课顺序，上午完成课业下午即可休闲。这些教育实践当中既有对劳逸结合客观规律的尊重，也有对孩子自由发展人性的顺从。众所周知，我国学校目前还不能让所有孩子上午学习，下午玩耍。笔者决定在班主任的权力范围内、在条件允许的情况下，把巴学园精神和部分西方先进教育经验引进班级实验，与个人的部分理论实践糅合，建设生态语文课堂。

生态语文课堂可以理解为生态班基础上的语文课堂。首先介绍生态班的相关情况。

生态班具备三个要素。建设真实的自主合作制度，把学习真正转变为以自主学习和合作学习为主的积极活动，是生态班的主体；引导和形成仁爱为本、快乐自由、积极进取、兴趣天然、人格平等的班级风气，是生态班的灵魂；自由实践、每天一节的生态语文课堂，是生态班的核心表现。“真实的自主合作制度”“仁爱自由的班风”“每日必修的生态语文课堂”构成三位一体的生态班。没有前两者的铺垫，就不能顺利实现生态语文课堂。

真实的自主合作制度。这是笔者进行语文教学的首要模式，即实现课堂上真正的合作学习、自主学习，将教师的“教”减到最少，把孩子的自学和合作力量发挥到最大。以《寓言两则》为例，在教学过程中，笔者安排了自读感知、速读巩固、搭档提问、组内朗读、合作探究与讨论、小组赛读等多种形式，教师在关节处三言两语润滑引导，其余时间由学生自主合作，读中有悟，其义自现。这一过程缩短了教师“教”的时间，延长了孩子“读”的时间，使孩子读得更准确流利，学得更起劲，感悟得更深，思考得更多，对揠苗助长和守株待兔的行为理解得更深刻。

在具体操作上，将37人的班级分为6组，合作学习和自主学习为主流学习方式。在课堂上，每组分两排，前后对桌而坐，允许自由变换姿势，允许合作学习的同时进行愉快的相关交谈和讨论，允许每组采取不同的合作方式和不同的表达方式，允许坐着回答问题，允许质疑问难。根据各小组的决定开展本课学习，各小组可决定该课学习内容的先后顺序、活动的方法、比赛的规则并投票。教学原则：课堂属于孩子。

仁爱自由的班风。为了形成这一班风，笔者根据班级具体情况制定了品德与学习、纪律、卫生三大公约；以品德与学习为主，其中又以“品”为主。现呈现部分条例以供参考——

品德与学习公约（制定者纪海龙）

1. 在二年级一班，品行是第一位的，成绩是第二位的。

2. 在二年级一班，诚实是第一位的，聪明是第二位的。

3. 在二年级一班，每个小精灵都拥有一颗金子般闪闪发光的心，有的智慧、有的愚笨，有的优异、有的平凡，但在纪老师眼里，每个人的纯真和善良都是最美、最可贵的！

4. 在二年级一班，每个同学都是班级的小主人、老师的好朋友，不论我是灵活的还是呆板的，是先进的还是后进的，我们有着同样平等的权利去迎接老师赞许的目光！

5. 我们从未忘记，善良和友好是最动听的音符。

6. 我们也还记得，助人为乐是最大的快乐。

7. 尊老爱幼，帮助弱小，我们天天要做。

8. 诚实守信，敢讲真话，心中时刻铭记。

9. 我们是懂事的孩子，尊敬老师家长。

10. 我们是虚心的孩子，因为骄傲使人落后。

11. 独立完成作业，我们力所能及。

12. 抄袭他人作业，我们从来不做。

13. 考场上，诚实是最高的分数。

14. 课堂中，认真是最好的笔记。

15. 纪老师说过，在二年级一班，同学只有进步快与进步慢的差别，没有学习好与学习差的差别。第一名和倒数第一名都有独特的风采，倒影与星辉同样美丽！

制度与班风确定后，生态班基本建成，开始建设生态语文课堂。

作为班主任、语文教师，笔者每天有两到三节课。在课堂教学方面采取自主合作学习，加快了学习进度，提高了学习效率，因此每天能挤出一节课，作为生态语文课堂专用时间。生态语文课堂是学生自由活动的时空，孩子们随心所欲地进行各种自己喜欢的活动，教师给予他们完全自由的意志。

生态语文课堂基本理念：思维与实践的生态平衡，身与心的生态平衡，孩子和老师的生态平衡，班级的生态平衡。

生态语文课堂进行时间：每天最后一节语文课，课时40分钟，拒绝占用，坚持下去。

生态语文课堂主要活动：1. 自由取阅图书区的图书，阅读经典（允许孩子或坐或站，或席地而坐，或坐在阳台长凳，实现身心的双自由）；2. 共同观察生态区动植物、科学图集及矿石标本等，饲养动物、养护植物（鼓励共同讨论观察对象和亲身体验养护活动，包括喂食、换水、浇水、通风、幼苗培植等）；3. 兴趣绘画，包括彩笔画、铅笔画、黑板画等（开辟黑板空间作画后，发现孩子们特别喜欢使用粉笔绘画，并参照科学图书，画出各种动植物，这是笔者始料未及之事）；4. 学生感兴趣的其他活动，如下棋、扎帐篷等。

其中活动1（读书）是生态语文课堂的首要活动，在图书选择与读书方法方面要求较多，在此不再繁述，可参考本书《读书之法，深纯沛然》一文。

生态语文课堂活动原则：个人的争取，神圣的静默，高度的自由。

“个人的争取”是每天一节生态语文课的根本条件和参与基础。学生在前一天的实践活动以及当天的课堂作业中犯错不超过5次，即可取得参与当日生态语文课堂的资格。这一规定有利于鼓励和促进孩子自觉认真地完成课下活动，高效预习，及时完成作业。绝大多数孩子对这一节自由之课、随心之课都充满向往和渴望。享受这一节生态语文课堂需要他们自身的努力，这份努力虽然不简单，但只要每天认真学习即可顺利完成，从而获得“入场券”。学生因此兴致勃勃且持久专注。

“神圣的静默”指客观环境的安静、活动参与者（学生和教师）的沉默。以此实现内心的宁静，从而专注于活动，心无旁骛。“神圣的静默”是生态语文课堂进行的环境条件，缄口不言或减少语言表达，有利于凝聚精神力量，从而提高观察力和注意力，并使人从外向的交流转为向内的探求和思考，开发内心世界。当然，在观察事物时的交流和探讨是被鼓励的，但要求轻声细语。

“高度的自由”是生态语文课堂的初衷之一，也是生态语文课堂的最高原则。这是指在既定的环境内，不再对学生的意志、思维、行为做任何束缚和强制引导。学生可以选择自己喜欢的活动项目，自由实践，也可以中途变换活动项目和活动场地，去参加新的项目。整齐划一和纪律戒条统统抛开，学生走来走去的身影不但不会影响他人，反而促成自由基础上的高度和谐，如同“君子和而不同”。学生可以从安静的图书区走到热闹的动植物区，饶有兴致地观察；也可以到黑板前与其他同学自由自在地作画。这堂课，没有优良中差的评价，没有相互比较的标准，学生内心的充实和欢快代表着活动结果，渗透进个体精神，使他们长久受益。

生态语文课堂活动范围：整个教室、阳台及洗手间。允许孩子自由活动，为考虑安全，不鼓励外出，区别于室外实践。

生态语文课堂活动群体：通过“个人的争取”取得生态语文课堂参与资格的学生（占全班80%~90%）和教师。犯错数控制在5次以内的学生将于当天最后一节语文课参加生态语文课活动，少数未达到该标准的学生则要留在自己的位子上“将功补过”，认真修改和完成作业，及时巩固旧知、预习明日新课，以便缩小和其他学生的差距，同时争取明日的活动资格。值得一提的是，教师不能对所有学生“一视同仁”，而要视情况而定。本班共有37个学生。其中1人有轻度精神障碍；3人在认知方面存在问题，各项表现不佳；另有3人成绩较差，多由于家庭因素和智力因素导致。针对这7个较特殊的孩子，笔者采取特别的鼓励措施，只要略有进步或考表现尚可，即特许参加活动，以呵护他们的身心健康。

教师也是参与活动的重要成员。一是为了融入学生当中，与他们共同活动（如一起坐在地上读书、同台绘画、观察植物），从而与学生消弭距离，融为一体，实现师生间真正的人格平等、情感平等。二是为了以同等地位与学生共处一室，让他们没有拘束感，身心自由驰骋。三是便于照看班集体，以防意外。

生态语文课堂变式：1.请益大讨论；2.民主选票；3.瞌睡模式；4.大嚼茶话会；5.细微内心。

“请益大讨论”是一种特殊的生态语文课。这节课不再进行基本活动，而是开展教师和学生、学生和学生间的交流活动，交流内容为以往生态语文课堂的所察所读、所想所得。学生可以向教师提出各种问题，无论是“疑难杂症”还是“刁钻古怪”的问题，教师必须认真、尽力地回答（教师应广泛涉猎、博览群书，更应具有“不知为不知”的求实精神），此之谓“请益”。同学之间更可以展开热情大讨论，发表自己的见解，甚至单纯的幻想。观点正确与否不重要，其目的是希望通过讨论的形式让学生们汇报近来的所思所想，锻炼口语交际能力，建立自信，获得自我认可，培养敢于质疑、善于思辨的精神，实现思想的交流与碰撞。这对学生来说意义非凡。这节课可以看作生态语文课堂的升华。

“民主选票”是生态语文课堂的第二个变式。它是学生自主研究、制定、实施的会议式生态语文课堂。学生在这节课上共同制定生态语文课堂的新规则，推荐并确定生态语文课堂的新活动项目（主项目不变），并公平选举新的活动服务小组成员（图书区服务小组、动植物区服务小组、绘画区服务小组、阳台活动区管委会等）。“民主选票”活动是确保生态语文课堂民主、自由、健康发展的重要课程，是实现班级内部自我管理、学生自治、生态平衡的重要途径。

“请益大讨论”和“民主选票”两项活动交替进行，每周一次。

“瞌睡模式”是生态语文课堂中一段非常有意思的插曲，指全体同学安静地趴在课桌上打瞌睡。多数人初听会难以理解，但这是笔者在教学中偶然发现并生成的模式。那是暮春的一节课，学生说读课文读得好累，笔者笑答：那就趴在桌上睡一觉吧。学生全都趴下，闭眼不动。笔者轻轻地说：“静啊，静啊，静悄悄啊，窗子里游进的清风，拂过我们的肌肤，掠过天蓝色的梦……”学生并没有沉睡过去，却从这种浅层冥想中获得一种休息与满足，进入一种任思维从容游弋的意境。他们静静地趴着，在想象，又在无意地倾听别人缓缓的呼吸，享受安宁奇妙的一刻。虽然笔者还没有进行科学的考证，但“瞌睡模式”对放松身心、体察细微有极大益处，该活动随机安排，无固定时间。

“大嚼茶话会”是生态语文课堂的娱乐版，其目的是让学生得到纯粹的快乐、深度的开心。课前，大家将教室的桌椅布置成环形，学生可以携带玩具、食品、饮料，开一场盛大的茶话会。孩子们像巴学园鼓励的一样：使劲嚼啊，使劲嚼啊！这种活动与狂欢的最大区别就在于：学生必须到教室中间展现自我，把自己的开心故事讲给大家听，哪怕只说一句话也好。有个胆小的学生曾经上台，红着脸，只说了几个字，但同学们依然给予了她热烈的掌声。活动中，学生充分体验到了“独乐乐”和“众乐乐”，体验到了“无差别的爱”：即使我不会讲笑话、说故事、介绍食品、吹牛皮，但只要我上去，就能获得掌声！那么，我能上去吗？能，我能！这一活动很简单，但传递给学生的正能量是无穷的，欢乐是无穷的，孩子们在自由的快乐中成长。“大嚼茶话会”是生态语文课堂的特殊形式，每月一次。

“细微内心”是生态语文课堂的拓展，目的是体验内心的细微变化、体察情感的细微波动。“细微内心”活动的开展是不定时的，需要教师及时发现活动契机。假如，班级生态区的一只中华龟死了，学生对生与死的概念不是很明晰，对死的情感也只限于“可惜、可怜”的程度，为了深化这种情感体验，笔者领着学生轻声祝祷：

“现在我的心即将睡去，羽毛也将化为尘土。我愿化作一朵洁白的蒲公英，随风起舞，放飞天际。”所有的学生轻闭双眼，表情真诚而感动地跟念，向内心更深处漫溯。学生沉浸在这种奇妙的氛围里，体验深刻的情感：惋惜与留恋、怀念和祝福以及其他感受。“细微内心”活动是“心有猛虎，细嗅蔷薇”（西格夫·萨松诗句）的课堂写照，是学生发掘内心微细之处的小小渠道，他们乐此不疲，并深感惊奇。

以上是生态语文课堂的五种变式，它们都是生态语文课堂的特殊表现或辅助形式。进行生态语文课堂试验后，班级逐渐形成了快乐自由、人格平等、自然发展的班风，学生的情感道德和认知水平都有较大的提升，教室充满了活力，课堂变得鲜活，学生比以前精神焕发，生机勃勃。不可否认，理想的目标还未实现，但值得欣慰的是，理想的胚胎已具雏形。笔者深知，生态语文课堂仍有许多有待解决的问题，如特殊孩子如何获得参与资格，怎样提高生态语文课堂活动效率，生态语文课堂在假期如何延续等。这些问题制约了生态语文课堂发展，唯有在不断的实践探索中继续研究，方能寻求新思路、新办法。

【后记】

本文获评2013年山东省教师远程研修优秀作业，选入山东省研修简报。进行这项教学实验时，笔者在一所乡村小学担任班主任，执教语文，信守着米斯特拉尔的誓言——“让我的砖土学校有崇高的精神。让我热情的火焰温暖它寒酸的门廊和简陋的教室。让我的心意和善良的愿望使它比富有的学校更为富丽堂皇”。不过，那时笔者发现所在学校的教育教学情况和大部分市县学校一样，孩子的自主课堂还没有基本实现。虽然经常从教育网站或者教育杂志上看到某些学校贯彻实施“自主课堂”理念的新闻和专题报道，但多数活动流于表面，且有夸大其词之嫌。笔者深知，实现自主课堂和素质教育并非易事，这个过程艰难而且漫长，非朝夕之功，绝非一所学校、几个教师提几个新想法、搞几次新活动就能实现的。这是一个从思想到实践反复检验、不断探索的过程，笔者愿在这个过程中付出一个教育工作者全部的热情，为接近教育科学的真谛持久努力。

用语文改变一个脸红难言的孩子

我在一所乡村小学执教，是二年级一班的班主任。班里的学生水平良莠不齐，最令人担忧的是姜晴。她在回答问题时总是脸红、结巴，不知所措，说不出话，甚至着急流泪；有时不能认真上课和写作业，常常走神以至错误百出，不能正常学习。因为这些不好的表现，她经常受到老师的指责和同学的嘲笑。我有时想，八九岁的天真孩子，何罪之有呢？可是我没有办法帮助她。我清楚地知道，几乎所有学校都有这样的孩子，他们中的大多数都受到过不公平的待遇。

姜晴是个懦弱胆小的小女孩，内向羞涩，极度敏感。她的学习成绩排在班级后十名，无论学习还是参加活动都很不积极，最大的特点是被提问时从不说一句话，且瞬间脸红到耳根。记得有一次，当我继续耐心、温柔地请她回答时，出乎意料，她竟然哭了——“姜晴同学，请你朗读一下感兴趣的段落好吗？”她呆呆地望着我，不知所措，眼神中充满无辜的神情，小脸一下子通红。我赶紧安慰：“姜晴同学，别紧张，老师相信你会读得很好！”这时，她仍是说不出话，反而簌簌地落泪，好像受了莫大的委屈。对于这个孩子，我曾经鼓励过、斥责过，但都没有用。我非常泄气，认为“江山易改，本性难移”。

一个偶然的机会，我读到日本心理学家、精神神经科医生森田正马的一套神经质心理学著作。令人欢喜的是，我从这位逝世一百多年的科学家那里获得了“生”的希望。我了解到，像姜晴这样不能正常交流，回答问题脸红口吃、说不出话、着急流泪的情况并非先天性格或疾病所致，而是神经质中的情感障碍——赤面恐怖。对于这类学生，普通的心理暗示或刺激都是不当的，唯一的办法就是让她面对现实，从最简单的发言或交流做起，逐步夯实，不需要教师言语的表扬和巩固，只让她自己从行动中体会，进而继续行动、深化体会。

为了帮助姜晴破除情感障碍，我在语文课堂上开展了一项“大声喊”活动，要求所有同学都参与。活动分为三个阶段。第一阶段最为简单：大声喊出“我是某某某”，进行一周。我考虑到姜晴的接受能力，把第一阶段活动的难度降到她可接受的程度。第二阶段难度稍微增加：大声喊出“我和某某某是好朋友”，进行一周。这样既增加了语言难度，又让姜晴体会到情感不但可以内化还能外显。由于第一阶段的成功体验，姜晴在第二阶段底气更足了，原有的情感障碍逐渐消除，因此顺利完成了第二阶段活动任务。第三阶段：大声读一首古诗，比比谁的声音大，进行一个月。朗读古诗是对前两个步骤的深化发展，姜晴勉强可以做到。现在，活动已经进行到第三阶段的中期，姜晴一改前貌，虽然交流时仍会脸红，但已能完成基本的对话和回答问题；在朗读诗歌方面虽不能够背诵，但已提高了音量，可以相对熟练地读出声；以前着急流泪、说不出话的情况基本消失。这令我感到十分欣慰。虽然姜晴还未能达到正常孩子的语言表达水平，但她的情感障碍大部分已经消除，我将继续通过这类活动引导她回归正常生活。

我对上述三个阶段的活动做了总结。将第一阶段的语言难度控制在对象可接受程度内，使其取得“我也能在大家面前说出这句话”的成功体验，使对象感到以往的窘迫和无奈并非不可改善。这一阶段是纯粹的、内向的主观世界的表达。第二阶段，难度提升到“我和某某某是好朋友”，简单的话语令对象容易适应并接受，从而完成说话活动。这一阶段是内向的主观世界和外向的客观世界的接触，其中“我”是主观的、内向的，而“好朋友”是客观的、外向的，被主观精神所注意和选择。活动对象从原先绝对内向精神开始向外转移，注意到客观世界和客观精神。第三阶段是纯粹的主观世界和纯粹的客观世界的融合。其中，对象对诗歌的朗诵行为是纯粹的主观世界的表达，不掺杂客观影响；所朗诵的诗歌内容是纯粹的客观精神，不因主观而变化。至此，活动对象原本绝对内向的精神性格实现了“内向—向外转移—内外平衡”三个阶段的渐变，从而破邪显正，先前的情感障碍不攻自破。

我曾用“良莠不齐”来形容班里的学生。现在我逐渐明白，如果你认为有的孩子是一株“本性难移”的狗尾巴草，那是因为你不曾见过她作为一颗饱满麦粒的形态，更未深究她“变异为草”的缘由。只要用心观察，以科学的方法去实践、去检验、去对待，必能还其一个“荞麦青青”的生命景象。看到姜晴逐渐健康起来的身影，我倍感欣慰。同时，我又深深为以前对她所使用的不当方法感到后悔。那些片面的激励、严厉的训斥、不理解的态度不但无用，反而加深了孩子的“病情”，使其精神饱受折磨。我知道，还有很多教师因不能够理解这类孩子的“病情”症结而做出错误判断，以至于强迫、伤害了孩子。为此，我特地撰写此文，希望能够启迪诸位同人。

（本文发表于《山东青年报·教育周刊》2013年第63期，有改动）

一份美国小学作业引发的思考

笔者与一位美国华裔小学生阿曼达（Amanda）常常通过视频软件聊天。在一次次交谈、一篇篇博文中，笔者欣赏着她的整个童年与青少年生活。每当看到她参演学校音乐剧的剧照，看到她的水果观察笔记，看到她在夏威夷陪几朵小花度过愉快假期，笔者总在想，那些时刻，我们的孩子在干什么？

当阿曼达在舞台上夸张而欢乐地飞舞时，我们的孩子也许在被迫参加各种“文艺表演”。当她在认真观察水果时，我们的孩子也许还在皱着眉头背书，进行所谓的校本课程训练。当她在夏威夷海边享受黄昏、迎接日落时，我们的孩子也许还顶着未完成假期作业的忧虑偷偷上网。

最近看到阿曼达译成中文的一份假期作业后，笔者突然感到伤心——为我们的孩子。作业的内容很多，从头至尾竟然有88条！但细细看完，却没有一条写着“作业”二字。让我们一起来瞧瞧：

1. 钓鱼。2. 去图书馆。3. 做短途旅行。4. 踢足球。5. 练习空手道。6. 吹泡泡。7. 拜访别人。8. 看电影。9. 烤制饼干。10. 去农场。11. 打保龄球。12. 玩泥巴。13. 外出吃晚餐。14. 去商场。15. 散步。16. 去买东西。17. 看电视。18. 和朋友一起玩。19. 玩橄榄球。20. 去公园。21. 去剧院。22. 打壁球。23. 度假。24. 跳房子。25. 晚睡一次。26. 去探索区域。27. 在操场上玩。28. 玩轮滑。29. 玩水冰。30. 去水上乐园。31. 玩电子游戏。32. 跳绳。33. 举行聚会。34. 做帆船。35. 读一本书。36. 去动物园。37. 玩捉迷藏。38. 去朋友家。39. 放风筝。40. 骑自行车。41. 去祖父母家。42. 微笑着做一些琐事。43. 吃冰淇淋。44. 收集绒毛。45. 画画。46. 种一些东西。47. 写一封信。48. 和宠物玩。49. 做蛋糕。50. 订一次比萨。51. 去麦当劳。52. 玩跳棋。53. 玩猜谜游戏。54. 帮助父母。55. 去商场。56. 参加夏日聚会。57. 玩扑克牌。58. 打扫房间。59. 玩“我猜”游戏。60. 听音乐。61. 给朋友打电话。62. 去休斯敦太空中心。63. 慢跑。64. 做香蕉奶昔。65. 绘画。66. 做点吃的东西。67. 看卡通。68. 写日记。69. 在喷水池里玩。70. 玩排球。71. 做一次艺术工作。72. 玩音乐椅子。73. 写一首诗。74. 玩骑马游戏。75. 写一本书。76. 打篮球。77. 和兄弟姐妹玩。78. 和表兄妹玩。79. 看鸟。80. 摘一朵花。81. 玩拼图。82. 捉蝴蝶或者虫子。83. 折纸飞机。84. 洗车。85. 爬树。86. 唱歌。87. 给祖父母打电话。88. 玩得开心。

笔者读完前20条时感到惊奇，读到第42条“微笑着做一些琐事”时，更是为这份细腻的作业陶醉不已，等读完全部88条时，只有由衷地赞叹。最后一条只有四个字：玩得开心。整份作业单上出现最多的字就是“去”和“玩”。当教育能用趣味引导孩子主动“去”做，当教育的本义跳出书本、在“玩”中复活，孩子们就受到了最好的教育。试想，如果一份作业的初衷是要孩子们“玩得开心”，那他们又怎会“不完成作业”呢？

反躬自省，我们布置给孩子的作业多数是知识层面的，少有能力层面的，比较缺乏情感、态度、价值观的陶冶，这正是深层教育的目标。会写多少字、背诵多少课文，能熟练流畅地写多少字的作文，这一切的目的都是为了培养正直、乐观、有用的人才。当我们为了实现知识目标而弱化过程与方法，进而忽视情感态度时，我们已成为买椟还珠的短视者、昏庸者。我们的小学生疲于应付各种作业，几乎没有乐趣可言，无论是“学霸”还是普通学生，都难以从课堂感受追求真理的快乐和实践知识的快乐。

阅读这份作业单后，笔者从中挑选了40多条作为我们班的假期作业。公布后，孩子们问我：“老师，不是要保护动物吗，怎么有一项是‘捉蝴蝶或者虫子’？”“老师，小学生规范说要爱护植物，不破坏花草树木，你的作业怎么要我们‘摘一朵花’？”“‘折纸飞机’会被扣分的，老师”……

听到这些，笔者百感交集。他们说出这样的话，让人看到被成熟侵蚀的天真，如被机器榨干油的芝麻。笔者只对他们说了一句话：“孩子们，以前你们被捆得太紧，其实小狮子不该戴上颈圈。生活的规则，还得由你们亲自去领略。”

阿曼达跟笔者说，最近妈妈要过生日了，她准备了两份礼物，一定是“史上最牛”的。问她是什么宝贝，她骄傲地说：吃巴尔的摩蓝蟹，还有手工洗车！笔者对她发送了一个“赞”的表情。笔者盼望着，自己班里的孩子将来也能有她这样的开朗、自信、自主、真诚。这份人性化的、以“玩得开心”为目标的作业，一定会发挥它的独特效力。

（本文发表于《东营教育研究》2014年第2期，有改动）

第五辑

专业发展：淡泊、笃学、生长

善之本在教，教之本在师。师者，所以制民命，其可以非其人哉？

——李觏《盱江集·广潜书》

青年语文教师应选择的路

美国诗人罗伯特·弗罗斯特在《未选择的路》中写道："黄色的树林里分出两条路，可惜我不能同时去涉足，我在那路口久久伫立，我向着一条路极目望去，直到它消失在丛林深处。但我却选了另外一条路，它荒草萋萋，十分幽寂，显得更诱人、更美丽。呵，留下一条路等改日再见！但我知道路径延绵无尽头，恐怕我难以再回返。而我选了人迹更少的一条，从此决定了我一生的道路。"①

在教师的职业生涯中，出现过很多条路。前辈们八仙过海、各显神通，开辟出条条大路。仰望与兴叹之余，笔者再次回顾那些荒草萋萋的小路，与各位分享。

一、谋生养家，读书修身

中国有句古话："一等人忠臣孝子，两件事读书耕田。"耕田是活命之本，读书是修身之要，耕田又是读书的物质基础。就现在而言，我们都是人民教师，教书就是在"耕田"。虽然耕一样的"田"，拿相近的工资，家庭条件却各不相同。有的教师条件比较优越，衣食无忧，甚至有一定的财务自由，自然具备了良好的读书条件；有的教师上有父母妻儿要养，下有车贷房贷要还，时常青黄不接、心慌意乱，每天琢磨如何增加收入、衣食饱暖，怎么能够沉下心读书呢？在普通家庭，一个优秀教师的长成，基本要靠全家两代人的支持。如果夫妻双方都是教师，在专业发展方面往往要牺牲一个、成全一个，否则谁顾家、谁养老、谁照顾孩子呢？古代寒窗苦读者，从来不是寻常的老百姓，往往出自没落的富贵之家。因此，清贫的教师要在公务之外、规则之内、情理之中，开源节流，先"耕田"以养家。

等到生活稍加宽裕，消除后顾之忧，就可以读书修身了。这两年掀起了读书热，朋友圈里的读书人比比皆是，盛况空前。只是读书之后没有多少收获，仿佛竹篮打水——一场空；请他讲一讲读书心得，又像筛子装水——漏洞百出。读书读得这么

①弗罗斯特.未选择的路——弗罗斯特诗选[M].远洋，译.长沙：湖南文艺出版社，2019.

“水”，岂不辜负了光阴？这里，笔者想谈一谈对读书的个人看法。

一是读书要学。“当你年老发苍，沉沉欲睡，在炉火边捧一本书静静阅读”①，这不是读书，而是消遣娱乐。作为青年语文教师，读书就要以书为师，抱着严肃认真、恭敬谨慎的态度与作者和文本对话，挑出有用的东西，应用于教学实践，而后再对照实践经验和书本知识，结合个人想法，以写作的形式进行反思，这样才能把所读的东西牢牢地建构和夯实在个人的知识大厦里。

二是读书要选。书海浩瀚磅礴，我们要根据自身水平，择其善者而从之。部分教师在读书之初就要读苏霍姆林斯基全集，读裴斯泰洛奇的教育论，读夸美纽斯的大教学论。殊不知，这些书虽然很好，但与有些教师的知能层次差距太大。巨大的断层使读者不能切身体会所读内容，遑论运用于实践。笔者建议青年语文教师订阅几本学科学术期刊。《语文建设》《语文教学通讯》《新作文·小学作文创新教学》《小学语文》《小学语文教学》等期刊都比较推荐，其中的论文大多是教研员和一线教师所写，包括比较具体的教材解读、文本分析、课堂设计或策略探讨，接地气、易理解、好操作、能实践。阅读时，要吃透一篇再读一篇，透过文本，发现作者的选题视角，感受作者的谋篇布局，理清作者的行文思路，学习作者的方法策略，从理念渗透、目标制定、内容整合、特色凸显等诸多方面受到启发。内化于心，外显于行，然后成文于笔端。

二、弃无益事，下苦功夫

人生苦短，分秒必争。在有限的时间里，我们要选择有益之事，痛下苦功；不做无益之举，虚耗光阴。笔者有几分浅陋的心得，请诸位指教。

（一）看清路，跟对人，选好团队

这里想与大家分享的，不是心灵鸡汤，而是笔者切切实实的感触。用三句诗来说明：第一句是“耕犁千亩实千箱，力尽筋疲谁复伤”，说的是老黄牛不辞劳苦，日日耕耘，最终却落得惨淡收场；第二句是“采得百花成蜜后，为谁辛苦为谁忙”，说的是小蜜蜂勤劳做工，收获颇丰，却让别人盗取果实；第三句是“苦恨年年压金线，为他人作嫁衣裳”，说的是穷女心灵手巧，刺绣裁衣，却只能供应给富女。

①叶芝.叶芝诗集[M].傅浩，译.上海：上海译文出版社，2018.

老黄牛错在没有看清路，始终走在别人的套路里。小蜜蜂错在没有跟对人，始终活在别人的算计中。穷女错在没有选择好团队，只遭受了剥削，何曾享受共赢？

怎么才能看清路？观察和认定自己的初心，初心所向、矢志不移。与此无关的路，无论它多么美丽诱人，也不会走上去。因为越是诱人的路，越有可能布满圈套和陷阱。

怎么跟对人？既不能给我们指引方向，又不能给我们具体指导的人，不要跟；既不能在日常生活中给予关怀帮助，又不能在关键时刻为我们拨开头顶乌云的人，不要跟；经常花言巧语、称兄道弟、颁赏许愿、开“空头支票”、做顺水人情的人，不要跟。我们要追随的人，要么大公无私，使我们在工作中有所建树，家国两益；要么真心实意帮助我们，我们则以同样的真诚回报之。

怎么选对团队？大到名师工作室、小到教研小组，都是教师的团队。笔者判断团队的标准有两条：我在团队中成长了吗？团队因我而发展了吗？有两种团队不可取。一种团队常年静悄悄地毫无动静，需要应付上级任务时，才想到团队成员。第二种团队恰恰相反，活动频繁、虚夸浮躁，计划如海、总结如山，照片满地、美篇如云，回回都有“进步”，次次都有 “提升”。这种团队成员“历练”的是会务与宣传能力，很难沉下心、俯下身。一个健康的教师团队，即使给成员安排任务，也能让成员在任务中获得经验，为个人的专业发展积攒力量。

（二）挤时间，做计划，下苦功

先要挤时间。教师的工作难度不大，但强度比较大。《全球教育展望》上有一篇《小学教师典型一天的制度分析》，该文以少有的、严肃的学术态度，分析了教师的工作类型占比：教学工作占比36%，班主任工作占比37%，学校指令工作占比26%。① 但这37%和26%，多数不像教学那样有规可循，尤其是学校指令工作具有优先性和突发性。教师面对这些指令时处于被支配的地位，使得本已紧张和琐碎的工作更加碎片化。因此，现在很多想安心学习、静心教书的教师厌烦这些无效、无益的工作，发出了呼吁教育回归、教育需要宁静、教育去行政化的呼声。本文不想评说教育体制的问题，想说的是，作为一个主动学习的教师，不要寄希望于政府和教育主管部门的“去行政化”，我们要主动为自己“去行政化”，自下而上地净化教育环境。比如，现在各级各类部门都想和学校搞“亲善”：交警要来讲规则，法官要来普法；上级要来慰

①王富伟等.小学教师典型一天的制度分析[J].全球教育展望，2018（9）.

问，友校要来学习；“专家”要来开讲座，部委要来做宣讲，还有更多的单位以通知的形式要求学校配合开展活动。遗憾的是，基本没有活动能够真正实现切实、持久、全社会育人的初衷。活动完成，相关人士转身就走，留下一地鸡毛。“没课的老师们”要好好配合当观众，“有课的老师们”要为此奔走调课，以求圆满完成任务。面对这些影响日常教育教学、违背教育科学规律、浪费师生时间的事务，教师要想方设法，变成个“土行孙”，躲进地里去，把我们的时间悄悄拿回来。

挤出了时间，接下来就是做计划。目标不宜过大，也不是来啥干啥、有啥看啥，只有良好的计划才能使时间得到有效运用，否则就会杂乱无章，并且缺少紧迫性。每天早晨到学校后，笔者都要根据当天课程情况填写一张计划表，表上有课堂教学、读写指导、专业写作、专业学习、拓展学习、工作室发展、运动与劳动、陪伴家人、处理杂务等项目，每一个项目都有固定的完成时间，自己只需要确定今天将于何时完成哪项工作。其中，用于学习和写作的时间不少于四个小时。

做好了计划，就要下苦功，苦学、苦教、苦写。有人说，学习是快乐的，教学是轻松的，写作是有趣的。对于这几句话，我们不能看字面意思，要深刻理解才行。依笔者之见，学习学到“有成”是快乐的，因为经受了长期的痛苦思考，曲径通幽后豁然开朗，体会到微言大义，所以快乐。教学教到“有得”是轻松的，因为经过了多年的实践和艰难的发展，心得万千，厚积薄发，胸中有丘壑，信手自拈来，所以轻松。写作写到“有悟”是有趣的。日复一日的丰实思想，月复一月的锤炼文字，年复一年的积淀思考，从味同嚼蜡到妙笔生花，从隔靴搔痒到一针见血，这“血”和“花”就是写作者心中的“开悟”。写出了新生发的妙论、卓见，所以有趣。

要想学习有成、教书有得、写作有趣，就得下一番苦功夫。不但要夜以继日地坚持，还要不怕疼、不怕苦地煎熬。为什么这么说呢？任何一种事业都有层次、瓶颈，语文教学也不例外。当我们略有进步时，新的沟沟坎坎就来堵住我们。有限的经验和能力面对更高层面的要求，是那样孱弱无力。当我们想向上进发时，一支无形的鞭子在打击我们的自信，一双无形的大手在撕裂我们的头脑。如果选择了退却，我们只能继续坐井观天，如果要进步，就得承受这些难过，同时奋发图强。到了最后我们会发现：我们不再惧怕困难，甚至喜欢迎接挑战，我们的大脑里多了一种“有解思维”。因为我们习惯了努力，迷上了突破后得见新天的快感，陶醉在获取真理和掌握新能力的快乐中，并为过去的不思进取感到羞惭，为过去的自得其乐感到可怜。此时，当我们一天不学习，就像烟民一个星期不抽烟那样难受。古人讲“好德如好色”，大概就是这样。当学习和进步成为一种习惯后，我们就有这样一种感觉：今天要是不学习、不思考、不干点正事，总是去做那些虚头巴脑的事情，内心就感到空虚、惭愧、没有目标感。这时候，心中就会涌起强烈的负罪感：我的生命又浪费了宝贵的一天，我要马上学习，不能虚度。

因此，青年语文教师平时不要妄自菲薄，遇到困难时不要放弃。只要肯坚持、能吃苦，就会突破自己，养成一种激发成功潜质的好习惯。比如，笔者爱好文学，写过几篇小散文，有一点微不足道的基础，但初次进行教研写作时，感到这种从文学到教育科学的跨越简直困难极了，几乎不可能学会。但人被逼到了这里，不完成不行，于是使劲儿学、使劲儿记、使劲儿习作，结果还是没学会。每天苦思冥想，疯狂"补血"，有那么一段时间，就连做梦都在梳理逻辑、琢磨词句，竟然在梦里想通了一些问题。在最难的时刻，笔者也曾想方设法，联系了一位华中师范大学的教授、一位北京师范大学毕业的博士为自己解惑。他们修改文稿的诸多细节，令笔者深受启发。

我们平时要在本地访求名师，好好学习。这里的"名师"，不是顶着某些头衔的人，而是有真见识、真本领的前辈。东营市的专家中，有几位很了不起：孙传文老师勤谨踏实，虚怀若谷，不务虚名，德艺双馨，学科建设属一流；刘知晓老师聪明睿智，文道合一，明达事理，吐露明珠，传道解惑令人服；赵慧老师慷慨仗义，豪迈洒脱，待人以真，救人以急，实为人生之恩遇；季俊昌老师业务精湛，贡献非凡，著书立说，以扶校成名、提携后进为己任。这些导师对笔者帮助极大，笔者极为珍视。不过好的老师不是棒槌、石头，弯弯腰就能捡到。程门立雪，还是要诚心访求。一句话：立志宜思真品格，读书须尽苦功夫。

三、着眼大局，有所担当

我们虽然生逢太平治世，但也要"生于忧患"。国家有中兴之艰，文化有复兴之难，富豪有靡靡之音，穷人有住房之患，诚信有丧失之危，万马有齐喑之险。很多青年蝇营狗苟、求田问舍，浅视于一隅，谋求一己私利。放眼世界，已临百年未有之变局；多极发展，逐鹿新旧力量之更替。2018年春天惊蛰时，夜半春雷阵阵，浩卷乾坤。笔者在胜坨小镇听到这雷声，辗转反侧，难以入睡，默念鲁迅先生的《自题小像》："灵台无计逃神矢，风雨如磐暗故园。寄意寒星荃不察，我以我血荐轩辕。"打那以后，便常常用这首诗，提醒自己的民族志气、使命担当，万万不能因为眼前的蝇头微利一叶障目，为了一些虚头巴脑之事迷失方向。

当前，很多教师羡慕发达国家教师的社会地位和福利待遇，感叹我国教育理念的落后和教师的难当。从表面看是发牢骚、不知足，其实是期待制度进步、期盼担当大任、顺应发展大势的表现，是作为教师希望更好地发挥个人价值的心愿和微弱的呼吁。

党和国家的领导人多次强调大国人民的责任担当、优秀教师的核心素养。我们要扛起责任担当，要发展核心素养，第一步就是敢于扬弃、敢于上路。未来中国教育的分量和质量，就在咱们教师手上，教师实实在在担负着民族的未来。如果30年前我们培养的是有创新素养的人，诺贝尔奖就不会屡屡失之交臂，作为第一生产力的科学技术就不会发展缓慢，经济发展也会更上一层楼。如今提倡发展学生核心素养，重视“STEAM”课程等，犹未为晚。但最重要的是，不要再让它们成为一句口号。当前，教师的责任担当就是去伪存真、去芜存菁，让高效、高质的教育落实到位。青年语文教师的责任尤其重大。

第一要打假。不打假，就不能求真。教育之假，贻害百年；假之种类，五花八门。

一要打“假门头”。有一些组织扛着素质教育大旗，喊着核心素养口号，专搞形式工程、条幅美篇，祸害最大，教师最烦，学生最受害。诚所谓“喇叭唢呐，曲儿小腔大，官船来往乱如麻，全仗你抬声价。‘师’听了师愁，‘生’听了生怕。哪里去学什么真与假？眼见的吹翻了这家，吹伤了那家，只吹的水尽鹅飞罢”。

二要打“假活动”。有的学校热衷于组织各类活动，但不少都在天上飘，就是不落地。为什么？缺少真实教育的重量。思考的路径、行动的方法全然生搬硬套，把活动当成了工作，每天在开幕式和总结会中匆匆度过，师生哪里还有时间切身体察、沉心思考、全力做事？

三要打“假官僚”。长期以来，不少地方教育领域的“官本位”思想严重，师生深受其害。一些中小学领导级别不高，权力不大，却热衷当“官老爷”。教师对中层必称主任，见领导先矮三分。在这种环境下成长，难怪会出现受贿的小学副班长、打官腔的学生会主席。清华大学原校长梅贻琦先生常说：“校长的任务就是给教授搬搬椅子端端茶。”另一位曾任清华大学校长的陈吉宁先生说：“我在清华开中层会，院长、系主任总坐第一排，处长都坐后排，但如果有大教授，他肯定坐最前排。在清华，学生是老虎，教授是神仙，校长是条狗。这就是清华文化。”当前的部分大中小学校中，情形却不尽如此。时至今日，我们必须要打破“官本位”、回归“学本位”。

第四要打“假名师”。一些教师在“辗转”评上名师、教学能手后，名誉有了，职称有了，工作室也有了，反而在教学上避重就轻带小科，在专业上只讲索取不帮人。一个工作室一年只做几次活动，支使成员干些没营养的活儿，充充人数、撑撑门面，之后“又相忘于江湖”。自我标榜也都是名师、楷模，讲起话来也是立德树人、无私奉献。但离团队那么远，离学生那么远，如何让他们亲其师而信其道，如何辐射带动出真正优秀的团队，进而助力区域教育发展、促进学科教学进步呢？名师们既然有了一些成绩，就要想办法及时分享与回报，让学生受益、让同人受益、让学校受益。

第二是求真。从事教育工作的人都知道一句话：“千教万教，教人求真。千学万学，学做真人”①。我们打了假，才能求真。

一要求得教学之真。要切切实实地明白：我们要培养的是具有必备品格和关键能力、能够成就个人终身发展和社会发展的人。要把这一点结合到语文课程标准中，细化到语文教学目标中，落实到语文教学实践中，用反复、艰难的学习与操练代替脚步虚浮的形式化活动。

二要求得教研之真。目前教研有一些怪象。有的教师参加听评课，到了听课教室还懵然无知。既不知道教材和课题，也没有了解老师和学生，你根据什么去听？又依据什么去评？甚至有的教师单纯为了凑足听课时数，即使不听课，也要托同事在听课人员里加上自己的姓名。还有一种学校强制教师听课的情况，逼着教师调换自己的课，去听别人的课。有的教师评课，只会说“很好很好”“不错不错”，或者抓一些无关紧要的问题。这些自欺欺人、粗糙的教研行为，无异于掩耳盗铃，就如那“东村里鸡生凤，南庄上马变牛，六月里裹皮裘”（元曲《梧叶儿·嘲谎人》）一样荒诞。关于听、评课，笔者分享一点个人浅薄的经验：听前做准备，听课听关键，听后有反思。听前做什么准备？要了解执教者情况与学生学情，清楚学科特点、学科课标、教材内容与本课目标，还要“身临其境”自我预设，这才勉强算有所准备。听课听什么关键？要从一堂课中听出执教者设定的教学目标，判断是否合理；听出其整合的教学内容，对比是否最优；听出其采取的教学策略，观察是否有效；听出师生的评价和教学的效果，看看是否显著。听后有什么反思？要反思自己听前的准备是否充分，反思执教者的课有何优劣，反思自己预设与他人课堂的差异，反思如何补充改进、实现更优的教学效果。教学研究不论是听评课，还是课程建设与实施，本质上都是为了改进

①陶行知.陶行知教育名篇[M].北京：教育科学出版社，2013.

教学，切不可做成形式。

三要求得教师专业发展之真。一些教师成名后也带不好团队，因为他的“名”有些水分，纵使有心也无力。在求得“教学之真”“教研之真”后，教师就有了气力。这时要主动带人，发展团队，助力青年语文教师的成长。青年语文教师也要奋发图强，借助教科院、教研室的专业引领，名师工作室的辐射带动以及青蓝工程的师徒结对，尽快提升自己，为学生提供更好的教育。现在一些南方学校的教师专业发展很快、很强、很扎实，就是因为他们求真务实、真抓实干。2018年初，人大复印资料统计显示，该杂志从全国各家重要学术期刊上转载的基础教育领域的研究论文，作者为南方教师的超过八成，北方教师的不足两成。一些全国知名的教师团队也多在南方。南北教师专业发展的实际差异和数据对比，反映了什么问题？值得我们深思。

四、结语

笔者自认为是一个脑子不太灵光的人，是一只笨鸟。在此，想与大家分享几条“笨鸟”的原则。一是笨鸟先飞原则，要加倍努力地学习和工作，争取赶上那些聪明鸟；二是笨鸟抱团原则，在鸟群里要各负其责、各显其能，尊重朋友，合作共赢；三是笨鸟填海原则，大家都知道精卫填海的故事，精卫就是一只不折不扣的笨鸟、傻鸟。笔者要做这样一只笨鸟，别管最后成功与否，至少要一直保持“不为则已，为则必成”的信心和勇气。

青山流不尽，绿水去何长。笔者只想做不上化肥、不打激素的绿色无公害教育。正如本文开头那首诗中所写，小道虽荒草萋萋，十分幽寂，但笔者行之无怨无悔，毕竟“任劳者难免任怨”。作为东营市兼职教研员，一个自认为有责任和义务的“小布丁”，笔者将尽己所能地做有益于教育教学的事情，虽然才疏学浅、绠短汲深，但教育的梦想终不背弃。

青年教师怎样自主发展

自主发展是形成教师核心素养的关键。青年教师入职时间短，教学热情高，工作经验浅，遭受挫折多。很多青年教师因为遭受挫折而自我否定，无人引导而荒度年华，地处偏僻而无知无闻，视域狭隘而不知所往，逐渐丧失教学热情，将崇高的教育事业单纯视作谋生之计，或者转而追求行政发展、商业经营，以至于博则难专。青年教师如遇以上情况，切记不忘师范所学之初心，履行人民赋予之义务，实现教书育人之价值。

具体来说，一是要形成不怕挫折、坚忍执着的态度。教师作为专业技术人员，追求一门心思、精益求精，不必过于八面玲珑、左右逢源。要执着于自我的教育之道，敢于试错，错亦不悔。在金庸小说中，段誉故意教错鸠摩智六脉神剑，欧阳锋向郭靖黄蓉学习掺假的《九阴真经》，两个人一个习武成痴、一个嗜武如命，竟然错有错着，练就神功。专业发展、求经问道也要这样不怕钻牛角尖，即便钻错了，也可能“上错花轿嫁对郎”。青年教师通常会经历两个阶段，即起步阶段和深入阶段。笔者与办公室同事探讨青年教师起步阶段时，曾聊到一个压水井的例子。要从压水井中打水，需先往其中添一瓢水做引子，再持续、有序地提压，水便越提越多、越流越畅。优质的教师培训组织或专业团队就应当扮演这种角色，为青年教师提供第一瓢水和反复提压的力量。这叫“送鱼入海任凭跃，纵鸟飞天自逍遥”。第二阶段是深入阶段，由浅表教学到教书育人。笔者发现，大多数青年教师对教学策略有兴趣，充满新鲜感，但对课程的理解、对教材的挖掘、对学生的关注、对教学目标的分析以及对教师基本素养的提升等方面考虑较少。青年教师要鼓舞自己恒毅学习，不能懈怠，主动走出浅教学，让课堂深度发生。通过磨时间、磨精力、磨韧劲，就一个教学问题或一节课展开长期、系统、精微的学用探索，借此迫使自己深入进去，到教育教学深水区“扎猛子”，强化体验、增广见闻，蹚出新路子、爱上新天地，萌发继续上下求索的念头。

二是要塑造凡事可解、勇于尝试的思维。在与多位教师的交流中，笔者常听到这类话语——“这个问题太难了，我解决不了”“这节课不好上”“这个内容学生肯定学不会”等。还没付诸行动就给自己下了“投降书”，时时处处暗示自己“不行”，抱着这样的畏难心理，怎能解决教育教学实际问题？究其原因，主要是认真、走心的实践太少，系统、深入的学习不足，没有底气也没有勇气迈出第一步。“从零到一是最难的”，青年教师首先要上好第一节课，十几次甚至几十次地备、磨、验、思。一节课讲通了，一个心结解开了，畏难心理就逐渐转变为有解思维。胜利的体验越多，挑战的信心就越足，在教学实践中就敢于迎难而上，在教学比武中就敢于“对敌亮剑”。

三是要处理好团队与个人的关系。优秀的教研团队能够促进教师快速成长，优秀的教师能够带动团队稳健发展，要以“我与团队共成长”为标准，慎重选择所加入的团队，处理好服务团队与经营自我的关系。首先，要选择加入有灵魂的团队，从事有益于专业发展的实践与研究，避免在低效团队中穷乐呵、瞎折腾。要避免一人身在多个团队，四方奔波、到处打卡而心神不专。其次，要在奉献自我的基础上合理利用团队力量，但又不可过于依赖。以团队磨课为例，青年教师要通过精准学习吃透课例，做到胸有成竹，而后针对团队磨课意见兼采众长，不能听风就是雨，摇摆不定，任人“摆布”。尤其在准备关键课例或者撰写重要论文时，更要做到“我心有主”。日本作家东野圭吾曾说：“我们这种平凡之人在面对胜负关键时，总需要寻找某种依靠，但在比赛中仍是孤独的，无法倚靠任何人，那么，该倚靠什么呢？我想只有曾经努力过的事实。”“他觉得一个人奋斗更轻松自在。跟没有干劲的人在一起厮混，只会徒增压力。”这些话，对过度崇尚团队力量的教师来说是一种深刻的警示，与“独行速，众行远”形成鲜明对比，值得青年教师思辨。

四是要培育请教的技巧与习惯。俗话说：“弱水三千，只取一瓢饮。”不过不是从随便一条河取一瓢，而是从黄河取一瓢雄浑的意味，从长江取一瓢激荡的意志，从洞庭湖取一瓢浩渺的胸怀，从鄱阳湖取一瓢宏大的气象。青年教师要主动亲近贤能，善于请教，博采众长，形成个人特色。首先，要具备亲近贤能的意识。俗话说：“挨着金銮殿，准长灵芝草；挨着臭茅厕，准长狗尿苔。”青年教师要积极向业务专家靠拢，不要害怕对方不搭理、不援手。笔者虽然学无所成，却基本练成请教之功，吃过五六十碗闭门羹，倒也没有“毒副作用”，反而有利于促进“厚脸皮工程”建设，遭拒之后还继续“程门立雪”，精诚所至，金石终为开之。

其次，要掌握请教的技巧。请教不但要有礼貌、知时节、有诚心，还要有所准备，自己先把问题搞明白、学充分，发现最疑难之处，不能一头雾水就去请教。要请教的内容，是方向的指引、关键处的开示、个人的弱项所在，而不是琐碎的细节。在请教之后，如果不能立刻消化前辈所讲内容，那么就要深思熟虑想明白、继续追问搞明白，实践检验弄明白。笔者多年请教各方专家，获益良多。不论只言片语还是谆谆教诲，专家名师总能让人开阔眼界、耳目一新，启蒙开智、有所进步。此处，要将请教前辈和指导他人相结合。自己从前辈处得到了教益，就应递薪传火，力所能及地帮助他人。以笔者为例，虽然天资驽钝，才智平庸，但从教以来诚心访师、广结干才，得到教学教研界、书刊编审界、文学创作界诸多良师益友的热心指点，同时及时实践，思行互促，夜以继日，以勤补拙。在略有一些经验教训后，也以助人为乐，传递爱人之心。无论点头之交、陌生之人，还是亲密朋友、友好同事，凡是求教于自己的，尽量周全。有时自感能力不足，也要临阵磨枪，现学现卖，在为他人略尽绵薄之力的同时，也成就自我学习的持续性。回顾2019年，东营市联系笔者帮忙备课磨课与指导论文者，不下百人；切实给予帮助的，起码80余例。2019年上半年，东营市经开区优质课赛，笔者帮助一青年教师磨课至凌晨。赛后他打来电话："我感到这次讲课突破了自我。无论得不得一等奖，都有一种新的体验、新的提升。"类似的事情和谢语，令笔者备感欣慰，又习以为常。2019年，东营市垦利区青年教师优质课评选期间，笔者每天加班至晚上12点，主磨垦利区优质课与公开课、其他县区公开课等15例。求人时，心要诚；帮人时，力要尽。身处一线，却不愿失忧人之心；性直心粗，却不能图功利之报。

最后，不论请教后是否真受益，都要表达诚挚谢意。专家与前辈事业忙碌，时间宝贵，肯抽出时间传道、授业、解惑，其善意、善举以牺牲自我时间为代价，请教者理应恭敬表达感恩，即便对方不接收礼物馈赠，也要祝福对方，在对方有事时能效犬马之劳，这算是将心比心、投桃报李。人若寡情少义、面热心冷，任你官有多大、财有多丰，也不会得到他人的真诚尊重。笔者在求教他人后，总会竭力感谢；在帮助他人后，也经常遇到他人的致谢。遇有受助者设宴邀请，每每婉拒，既不想让人破费，又不想误工误时。但有时他人多次邀请，想起自己请人时遭到拒绝的酸苦滋味，又会欣然赴约，两个小菜、一壶白水，既周全双方情谊，又节俭对方钱财。笔者深知求人的难处，尤其对不善于人际沟通的多数教师来说，更是难上加难。因此更希望受助者的谢意是用心于学生、互助于同事、钻研于专业。我们是同道中人，在专业互助的路上同声相应，在为学生服务的愿景下同气相求，这便是相逢何必曾相识，志同道合味优哉。

在为垦利区青年教师磨课期间，笔者还接到一些区外教师的"告急文书"：东营区教师求取教学设计、广饶县教师请求修改教学设计、胜利教管中心教师请求修改论文、威海市教师来电探讨公开课课题，还有两家小学语文教育期刊主题约稿。在此期间，笔者感冒一次，幼子感冒一次，自己与妻子轮班在家照顾孩子，耽误了一些磨课指导工作及磨课记录撰写，觉得惭愧不已。

文末，笔者谨奉几句寄语。第一，优质课评比获得几等奖并非关键，关键是青年教师要以一节比赛课为契机，激发创优争先的活力，揣摩高品质课堂的真味，勇敢踏上自主求索的专业道路，向青草更青处漫溯。第二，教育是一门培养人的学问，是十分伟大和值得奉献的事业。笔者每每自豪之际，总是想起华兹华斯的《颂诗：不朽之光属少年》："儿童乃是成人之父，我希望以赤子之心，贯穿颗颗生命之珠。"我们成全那不朽之光，泽被那不朽之光，与有荣焉。第三，2020年是我国全面建成小康社会的决胜之年，也是我国基本实现现代化的开局之年。大海扬波，而我为浪花一朵，多么热切的盼望，又多么焦急的期待！

提高语文教师教研写作水平的几条建议

当前教育界存在一个非常普遍的现象：为评职称、为获奖而撰写论文，很少考虑如何使自己的论文具有学术创新的价值，结果都很难发表出来；于是为了发表出来就托关系、找熟人，甚至花钱。一旦达到目的之后就把它扔到一边，既不推动教学也不深入研究。抱着这样的态度去写作，很难写出有价值的东西。

小学语文教师首先要转变态度，认识到写作是一项有意义的、长期的、需要大量时间和精力的工作，意味着放弃浮躁和娱乐，平心静气去追求。那些拼命追求学校考核成绩而成天应对检查、准备材料、瞎忙乱忙的教师，也许会得到一个考核优等或者中级职称，教育教学水平和教研写作水平却提高甚少；而那些俯下身子深耕教育教学的人，虽然一时格格不入，不为环境所推崇，但他们已经悄然实现了从教师到学者的转变，成为具有相当专业发展水平的科研工作者，为教育教学做出了深入而精细、微小而真实的贡献，得到学生真诚的爱戴。笔者先和大家分享关于教育教学写作的几点感受，如有不妥之处，还望同人批评。

第一，写作需要日积月累。熟能生巧、巧能致精，写作也是越写越有心得、越写越有信心。如果你两年后要攀登珠峰，你会等到两年后一下子爬上去吗？自然不会，也做不到。你会从现在开始不断尝试一些小山坡、小山峰，逐渐提升自己的攀爬技能和体能。小学语文教师想要写好一篇论文，必须要多写多练、多思多改。有一些教师平时不动笔，等到评职称时，希望立刻就能出一本专著。这种想法既可笑又可悲。

此外，“我每天要写300字”这样的目标缺乏具体标准。首先要明确这300字的主题，确定它是来源于实践还是专业学习后的认真反思，而非文学的夸张或臆想。其次，必须在一定的时间内完成这300字，而且要把这项工作放在除教学以外的任何工作之前。久而久之，出于责任心、事业心和专业的自觉，一个教师作者能够在书桌前一坐就是好几个小时，不停琢磨各种想法。没有思路的时候会非常苦恼，但突然想出破解之道时，便有豁然开朗的快感。

第二，投稿需要仔细甄别期刊。很多教师对期刊级别认识不足或者存在误解。因此我们需要了解期刊的分类。一些网络文章将期刊区分为国家级期刊、省级期刊、南/北核心期刊，等等，并以“知网可查、万方可查”等佐证其有效性，这些说法都有问题。

国家新闻出版部门从未对论文进行带有行政级别属性的划分，以主管单位片面地定性其级别，显然是没有科学依据和政策支撑的行为。目前来说，国内顶尖的期刊是权威期刊；其次是核心期刊，包括南大核心（C刊）和北大核心（全国中文核心期刊）等；再次是国家认定的学术期刊；之后是一般教育类期刊。一般情况下，一篇发表在核心期刊的论文相当于一本著作，是评正高级职称的条件之一。一篇在学术期刊上发表的论文对于小学语文教师而言也弥足珍贵，能够对业内的研究实践起到个例上的推进作用，可以参评社会科学成果奖、教学成果奖。在一般教育类期刊发表一篇论文，也能说明论文的创新价值和应用价值。一本期刊只要收费，其权威性就一跌到底，各级学术评选委员会都会将其纳入黑名单。我们在投稿时一定要注意这一点。

对于“知网可查、万方可查”的说法，也要学会鉴别。有的期刊是知网直查，有的是跨库检索，还有的只在知网的第三级、第四级平台上收录。不同情况下可检索的期刊等级不同，读者认可度也不同。

第三，学习需要订阅期刊。了解了这些期刊的基本情况，我们就要选定高质量的期刊进行订阅与学习。通过学习和实践，不断丰富学科教学经验，产生独到的教学体会，结合个人创新和期刊风格进行创作。笔者向核心期刊和学术期刊上投稿且成功的次数也不多，从作者角度来谈投稿经验和心得有些心有余而力不足。不过，近几年，笔者兼任不同期刊的编辑，浏览了大量的稿件，结合论文编辑和个人写作的浅薄经验，可以勉强一谈。

笔者个人订阅了20余种学术期刊，既跨学段也跨学科。有《语文建设》《小学语文》等语文类期刊，有《中国德育》《班主任》等德育类期刊，也有《全球教育展望》《课程·教材·教法》《基础教育课程》等综合性期刊。此外，还有两本英语学科的核心期刊，《中小学外语教学·小学篇》（北京师范大学主办）和《中小学英语教学与研究》（华东师范大学主办），都是北大核心期刊。同为语言类学科，英语与语文有很多相通的教育规律，能够启发语文教学。比如这两年研究的一个小课题——《基于语言习得的小学低段读写教学实践与研究》，“语言习得”这一关键概念就是笔者在阅读英语期刊中发现进而深入学习，引入小学语文教学实践中的。

有时笔者会对比这两本英语期刊，发现《中小学外语教学·小学篇》的论文题目相对传统，基本为“某某实践、分析、策略、思考”；而《中小学英语教学与研究》的论文题目相对灵活一些，如“借助小学英语绘本，提升学生学科素养”等。笔者曾为两本期刊预测了两个选题，一个有关文化意识中的文化自信、民族情怀，另一个有关思维品质的发展与提升，并建议几位教英语的同事可以写一写“培养文化自信的小学英语写作教学策略”或者“阅读教学策略”，但她们一拖再拖，最终没有写。果然，第二年这两本期刊的某几期中出现了大量关于这两个选题的论文。如果同事能够按照当初预测的选题来写作并投稿，发表的可能性就比较大。那么，如何进行预测呢？一是根据当前教育的热点——核心素养。核心素养的基本点很多，但是考虑到英语是他国语言，而通过语言教育形成我们的民族自信尤为重要；又考虑到英语教学中存在的关键问题，遂判断上述两个选题是热门。二是查询前一年的教育部社科基金立项和全国教育科学规划立项课题，发现这些关键词出现频率相对较高。三是根据语文类期刊中的内容，发现这些选题近期经常出现。这也给我们一个启示：有一些研究热点，英语学科要滞后于语文学科，如果及时进行跨学科的论文思路迁移，不但能够启发学科教学，还能够抓住热点，提高发表概率。

第四，写作需要讲究方法。“磨刀不误砍柴工”，要撰写好一篇学术论文，必须要掌握撰写学术论文的方法。这个写作方法是本文重点要交流的内容。

一、选题

选题关系到一篇论文的基因，可以称为本源问题。找到一个好选题，我们的研究便成功了一小半。如果选题不佳，即便写出30万字的著作，也陷入没有创新价值的窘境。好选题的特征是什么？简单来说就是有问题意识。所谓的问题意识，主要包括以下内容。

一是研究的目标取向。好选题能够直观揭示你所从事的研究的目标取向，反映这项研究的真正价值。前人没有研究过的、有价值的选题，自然是值得研究的好选题。如果你的选题显现不出这一点，或者说别人早已研究透彻，就没有必要再选。以小学语文教学为例，一些阅读与写作教学的方法早在前人的著作中就有比较全面的阐述，今天很多语文教师仍然在拾人牙慧“搞研究”，而且远不如前人研究得深刻。这样炒冷饭的论文有什么价值呢？

二是研究的具体范围。成功的选题应该范围具体，非大而全。笔者刚开始写论文时，经常收到编辑的一些批评意见，最常见的一句话是“面面俱到就是面面不到”。比如小学语文读写结合教学法，丁有宽老师穷其一生的教学实践，写了三四十万字才讲明白。某位作者只写三千字，也命名为“小学语文读写结合教学法”，这位作者不是水平高得没边儿，就是差得没谱儿。因此，选题不能过大，过大的选题会使研究无法深入下去，只是蜻蜓点水。不过，选题也不能太小，否则研究就会沉迷于琐碎的细节，而失去了价值和品位。有的细节并不具有代表性，也不能真正反映事物发展的趋势，但由于研究者的视野太狭隘，无法从细节中发现事物发展的基本规律。这样的毛病同样体现在教师实践中。有的教师教学一课的生字或生词，只是在教它们的具体写法和读法，不涉及生字或词语的文化背景和意味，或者这一类生字词的学习规律和方法。如此教学如同选题过小的论文，都迷茫于细节中不能自拔。经验丰富的教师，通过词语提升学生思维品质，如《阅读教学中词语新授促进深度思维的课例研究》；通过词语养成学生文化意识，如《利用明信片写作增强小学生文化意识的实践研究》。此外，还可以通过词语训练学生语用能力，培养学生的情感态度等。以上的选题，虽然都是从词语出发，但都没有把词语的读和记当作重点目标，而是指向了语文教学的核心素养。

三是要对一个学术问题产生怀疑，或者说要有争鸣性。学术研究是无止境的，真理更是无止境的。很多学术观点在当时是对的，甚至被认为是真理，但随着时间和条件的变化，其真理性也会发生变化。因此，选题一定要敢于质疑，但质疑必须有理有据，而不是随便怀疑。

总之，选题讲究技巧。选题实际上是积累后的一次思想井喷，没有积累就无法进行选题。好的选题可以使研究事半功倍，是论文成功的前提。在选题之后，还有一个重要的问题就是题目的拟定，即怎样把论文内容概括性地表达出来。这里也有讲究。首先题目不宜太长，太长表明作者缺乏概括能力和抽象能力，题目要精炼、简洁，力求达到多一个字太长、少一个字太短的水平。例如《小学语文重在“培根铸魂”》《焦点阅读话“咕咚”》等题目短小精炼。其次核心概念不宜多，最多两个，最好一个。这就必须贯彻“计划生育”政策。核心概念超过两个，论文到底研究什么就非常难把握了，而且概念太多容易造成通篇解释概念，实质性的内容被冲淡。例如《“能力—实践型”阅读教学设计要义》这一题目的核心概念十分鲜明。最后表达要精准，题目如果引起歧义，或者模糊不清，论文就很可能出现跑题现象。

切忌选题陈旧、论据不足、论证错误、泛泛而谈。编辑每天都要面对很多来稿，还要处理日常事务，在对稿件进行初次筛选时，一般先看文章的题目、摘要、文中的各论点，以判断文章的选题是否有新意，文中的论点是否有创新。有的作者动辄就写“素质教育、课改以来”，不但假大空，而且太陈旧，毫无新意。

二、逻辑的论证

教育教学研究少不了论证，论证离不开成熟、严密的思维。这种思维是一种严密的逻辑思维，而不是发散性思维；是指向规律的科学呈现，而不是指向发散性的创作。否则，论文就缺乏体系、深度。具备严密逻辑的论文，一般具有以下特征——

第一，要有层次感而不是平面感。我们阅读一篇优质论文时，往往能够深切地感受到其层次的清晰、鲜明、合理，会随着作者叙述逐渐深入研究。一篇普通论文的逻辑则常常是平面的。阅读逻辑性强的论文就如同剥鸡蛋，有皮、有清、有黄，剥到最后才能看清蛋黄的样子；而普通的论文就如同摊小饼，一眼便能看穿，很难让人产生探究的欲望。

第二，要有缜密性而不是一盘散沙。论文的缜密性来源于作者的专业水准。专业水准越高，其缜密性越强。语文教师的专业水准如果不够扎实，那么他的论文只会表现出零零碎碎、断断续续的思维轨迹。很多教师写论文时喜欢用三级标题彰显自己的缜密思维，其实徒具其型，内里仍旧一盘散沙。

第三，要有科学性而不是宣传性。教育教学是严肃的科学，教育教学的研究过程是追求真理的过程。然而，当前教育的科学性经常被宣传性所取代。一是因为行政干预学术的现象存在，很多学术评奖、学术称号、学术考核等由行政部门组织，行政领导进行最终评价。在行政干预之下，学术越来越多地为行政服务、为政治宣传服务。二是由于宣传性的“研究”比真正意义的学术研究更容易出成果。

第四，要围绕核心问题展开论证，而不是像散文一样天马行空。在论文的论证过程中，所有材料都要指向主题、围绕主题、渗透主题、反映主题。如果背道而驰，从一个主题出发向外无限延伸，论文就如同脱缰的野马，天马行空，乱写一气。最后的结果是篇幅很长却不知所云，字数很多却质量低下。还有一些论文完全服务于作者的主观情感，动辄就用“心灵、感动、一定”等词语和情绪化的语言，说论文不是论文，说随笔不是随笔，说实录不是实录，说设计不是设计，写成了一篇“四不像”。笔者平时接触到的稿件，有相当一部分是这样。有些作者想托关系发表，笔者便告诉他们，这样的稿子质量太离谱了，想要给你发，编辑就得亲自改；改这样一篇论文可能需要三四个小时甚至更长时间，编辑没有时间和精力付出这种劳动。

三、论文的结尾、论文的修改与投稿

论文结尾的重要性不输于开头。我们必须保证论文有一个“思想闪光”的结尾。具体来说，一是总结全文，突出观点，掷地有声；二是大气、自然，给全文的小心求证来一个开放、大胆的结论；三是针对所研究的问题进行展望，描述研究者下一步的计划。

写论文一定要修改。俗话说“文章不厌百回改”，每次修改论文都是一次梳理思维的过程。一者，再次审视论文的结构，是否均衡、对称、合理；二者，梳理论文的逻辑，是否有漏洞、断点、错误；三者，阅读论文的句子，优化表达效果；四者，检查文献资料，保证标示的正确无误。笔者平时写论文，写好后总是存放在电脑桌面上，每隔几天就重读重改，起码改过三次，才拿去投稿。有时稿件通过审核了，编辑还会提出修改意见，让继续修改。

投稿是一门学问。除了不能一稿多投，还要遵守期刊对来稿的要求，按照要求编排格式、写清摘要、关键词以及作者信息。有的期刊要求投稿到邮箱，有的期刊要求在期刊网站投稿，还有一些期刊要求邮寄纸质版。在审稿过程中，编辑经常会遇到不够细心的作者，他们在投稿时或是忘记留下联系方式，或是留下一些无效的联系方式。如《东营教育研究》曾收到一篇市实验小学教师发来的论文，笔者看后觉得文章新颖，准备和作者联系，结果文中只有单位，没有作者的姓名和电话，只好放弃。总而言之，论文的顺利发表，除了要有过硬的质量外，还应讲究一些投稿技巧和策略。

校对论文要认真

笔者在山东省东营市从事小学语文教学多年，曾任职于农村小学、乡镇小学、市教科院、县直小学，对东营市各级单位的教师比较了解，对市外、省内的教师也有了解。笔者发现，山东的语文教师在教研写作方面，比之于江苏、浙江等省份教师成果要少得多。教研写作是教育教学实践的总结、思路的梳理、思想的升华，是下一步实践的基础、他人批评和参考的材料依据，我们不能不重视。目前，笔者身边有少数教师能够写作教研论文，但是在对待论文的态度方面仍有不足。关于教研论文的选题、内容等方面，在《提高语文教师教研写作水平的几条建议》中已经说明，不在此赘述。本文重点交流论文的校对问题。

受到时间、理论基础等条件的限制，一线小学语文教师进行教研写作非常不容易。正因如此，面对辛苦撰写的论文，我们要把握好校对这一关，不能为山九仞，功亏一篑。在审阅《东营教育研究》的稿件时，在应同事请求帮忙修改论文时，在担任一些专业期刊和学科赛事的论文评审时，笔者发现很多作者不注重校对工作，论文中或者错字较多，或者存在一些病句，或者有标点错误，或者存在一些不科学的说法。这些问题损害了论文的“形象”，甚至在一定程度上破坏了论文的表达效果和思想价值。教师虽然不是专业的校对人员，但是有必要也有义务认真校对自己的论文，树立严谨周密、一丝不苟的作风。只有这样，论文的质量才能进一步提高，作者才能得到编辑和读者的更高认可。

关于校对，笔者有两件“趣事”值得一提。

2012年，笔者在东营三联广场图书城浏览期刊时偶遇一本面向中小学生发行的《成长·读写月刊》，阅读后，发现这本期刊的栏目设置和校对都有问题，于是洋洋洒洒写了三千字的建议，寄给《成长·读写月刊》编辑部。后来，该期刊编辑、主编和出版社社长先后跟笔者通话致谢，说明已就这些建议召开了编辑部全员会议。社长邀请笔者到编辑部做客，并聘笔者为副主编。

笔者常年订阅各类学术期刊，其中包括华东师范大学的《全球教育展望》（钟启泉主编）。这是一本核心期刊，相对而言比较权威，笔者经常翻阅，学习过程中也留心期刊存在的问题。2018年，笔者根据一年的阅读经验，就该刊的校对工作提了几点浅陋的建议，很快便收到了编辑部领导的感谢信。其常务副主编、华东师范大学博士生导师刘良华教授在信中除了表示感谢——“对您这样有经验、有责任感的老师，表示深深的感谢”，还表示，收到建议后，主编和其他副主编非常重视，即刻召集编辑开会，进行了专题讨论；刘教授向我解释了校对工作的难处，表达了对校对失误的歉意。这令笔者感到非常欣慰，且并未接受编辑部的报酬。这件事让人不由地感慨，《全球教育展望》作为一家资深专业期刊，其从善如流的品质和求真务实的态度，正是其学术底蕴不断增进、学术地位不断提高的重要保障。由此，笔者进一步认识到校对工作对于一篇论文的重要性、对于作者和编辑的重要性。

希望广大小学语文教师在进行论文写作时重视校对、认真校对、科学校对，让文字质量成为论文的一个亮点。

下面，附上笔者给《全球教育展望》的建议信，作为校对工作的参考，欢迎各位同人批评指正。

致《全球教育展望》的建议信

尊敬的主编：

您好！

我是山东省东营市垦利区第三实验小学教师，亦是东营市兼职教研员和《东营教育研究》编辑。多年来订阅《全球教育展望》，每期必读必思，深有所获。抃风舞润，饮水思源，欲就贵刊的编校工作提一点建议。

贵刊在编校方面存在一些错字、病句。虽然错误率低，但作为一家面向众多学者、教师的权威学术期刊，应当精益求精，彰显教育科学的严谨认真，从对任何细节作完善处理的层面上反映出一丝不苟的科学态度。

例如《全球教育展望》2018年第2期：

第9页第7行，“课程设置应与教学和评估保持合理的一致”应改为“课程设置应与教学和评估保持合理的一致。”，句尾添加一个句号。

第11页第11行，“……以多种方式获得取除教科书外的专业资料”应改为“……以多种方式获取除教科书外的专业资料”。

第90页第24行，“溢言于表”应改为“溢于言表”。

第95页第17行，“2017年6月12—16日拉里·努奇教授……”建议改为“2017年6月12—16日，拉里·努奇教授……”，以表停顿。

第106页第17行，“……上使帝制统治具有巨大的向心力、下对普通百姓具有巨大的利诱力……”应改为“……上使帝制统治具有巨大的向心力，下对普通百姓具有巨大的利诱力……”，两个动宾短句之间宜用逗号。

第106页第30行，“……中央官学发展为全唐最繁盛的时期，其影响甚至……”应改为“……中央官学发展到全唐最繁盛的时期，其影响甚至……”。

第106页第35行，“……八千余人。”句号处格式未调整，过于紧密。

第107页第15行，“此后，熙宁年间的王安石又推行……”表述有误。熙宁年间仅有10年，不可参照“唐朝的李白、北宋的柳永”等习惯性用法，应改为“此后，熙宁年间王安石又推行……”，或者改为“此后，王安石于熙宁年间又推行……”。

第107页第25行，“明初，选官制度实行……的做法……”，“实行”与“做法”搭配不当，应改为“明初，选官制度采取……的做法……”。

第108页第17行，“……高考对中学教育的影响不仅全面而深刻，并且还延伸到小学乃至幼儿园阶段”为病句，应改为“……高考不仅对中学教育的影响全面而深刻，还延伸到小学乃至幼儿园阶段”。

第108页第32行，“……由于只顾埋头苦读忽视体育锻炼……”应改为“……由于只顾埋头苦读，忽视体育锻炼……”。

又如《全球教育展望》2018年第9期：

第117页第22行，“……只差一个学生忘带……”有歧义，应改为“……只有一个学生忘带……”。

第120页第29行，“舒老师的一天工作内容几乎无时无刻不在履行这四类职责”应改为“舒老师一天的工作几乎无时无刻不在履行这四类职责”，“工作内容”与“履行职责”主谓宾搭配不当。

第122页第25行，“所以我们假设，教师忙得例行化和学习上的有心无力正是相关制度安排的预期外后果”。句中的“例行化”和“有心无力”此处作名词使用，因此“得”应改为“的”，句子应改为“所以我们假设，教师忙的例行化和学习上的有心无力正是相关制度安排的预期外后果”。

第127页第10行，“如果这种情况不与改变……”应改为“如果这种情况不予改变……”。

以上是我在一些自己感兴趣的论文中发现的瑕疵。在其他论文中，大概也有一些细微的问题，望贵刊关注。绠短汲深，若有不到之处，还望方家海涵。

纪海龙

2018年11月16日

现代语文教师的四项核心素养

“国将兴，必贵师而重傅；贵师而重傅，则法度存。”现代语文教师作为新时代文化的开创者和继承者，关爱个体而成人之美，含英咀华而吐哺英才，广施教育遂能为国铸梦。虽然三尺讲台浅窄，且有劳家清贫之苦，教师却秉承仁者爱人之精神，诚意正心之理智，继往开来之责任，教人为善之细谨，因此广受社会尊重。

既受此责，又享殊荣，教师理应常思己过，反躬自省，不断学习，培养自身核心素养。笔者认为教师核心素养有四。

一为崇高理想。不观星月，难见天地远大；不立标靶，不知箭矢去向。作为现代语文教师，教育理想便是立己之初心，立人之初心。初心不变，其道久远。何谓立己之初心？即树立个人职业理想，立优课之志，大步迈上兢兢业业教学路；立教研之志，小步爬上科学严谨教研路；立管理之志，碎步走上千枝万叶班级路。观诸名师，莫不如是。教师之初心善哉，然后立学生之初心。学生之初心，便是学生开眼看世界后的原初思想，是为赤子之心。立学生忠孝报国之思想，使其每逢良文佳作，感慨山河之美；闻说社会问题，便生忧国情怀；知国为家本，遂爱国如家；怀报国之志，遂为国如家。立学生创造腾飞之思想，激其生活热情，燃其事业激情，使其从文而有立言之思，从理而有创新之举，立业能兴助人之功，修德可造高深之果。或鸿举于青天，或躬身于陇亩，皆因初心有所成就。

二为高尚道德。“德者得也，行道而有得于心者也。”[①]教育之德，是教师愤启悱发之基，学生知习践用之宗，学校创立发展之本。作为现代语文教师，修养高尚道德庶不可废。常闻学生曰：某师虽非名师、优师、校长、骨干，且容貌普通，其课平庸，然而我等甚爱之。此何故耶？皆因教师胸怀道德，明德惟馨。一言一行间，仁慈显露；授业传道时，润物无声。所谓亲其师而信其道，道德高尚故能致学子亲爱，学子亲爱故能亦步亦趋。教师修德及于学生，若母鸭导幼于湖心，若苍鹰练雏于崖岸，教育之功久久成矣。草木修身以根为本，飞鸟修身以翅为本，教师修身以生为本。学

①朱熹.四书集注[M].南京：凤凰出版社，2016.

生者，智能所启、道德所传、心血所系者也，是我等教师终生之挚爱，魂牵梦萦所不能忘者。每日以爱子之心呵护之，以大行细谨感染之，以至理警言规导之，以勤示详批督促之。于容爱慈忍之间，追求自身高尚；循身正学高之律，涵养高尚道德。

三为渊博学识。师者示也，饱学方可授业，臻化才能解惑。陶行知有言："出世便是破蒙，进棺材才算毕业。"[①]可谓一语中的。作为现代语文教师，须具渊博知识，依于传统文化精髓，据于现代科技文明，博览中外，融古并今，终身学习，以求创新。已备诸般学科之知识，又溯任教学科之底蕴。既博且专，既富且增，使学生取我一瓢时，广见三千弱水；窥我一斑后，想见全豹之形。所谓水之积也不厚，则其负大舟也无力。教师欲负学生之舟，必先丰自身水脉，于教学之余刻苦钻研，严谨笃学，辩驳经典以求深省，广泛涉猎以开眼界，穷览思想以广胸怀。三月聚粮，而后可载学生鹏程千里，畅游知海。

四为公平之心。教师从事，乃是班团工作。操持此业，"目贵明，耳贵聪，心贵公"[②]。公其心则万善出，私其心则偏一隅。一班之中，多则五六十人，少则二三十人，贫富智愚各不相同。凡教师者，万不可嫌贫媚富，爱美摒丑，宠智弃愚，私护亲属。学生之心灵最善，亦最敏感，我等有丝毫偏袒，其亦可感之。身为现代语文教师，当树立关注每一个、发展每一个、幸福每一个之人本思想，公正处事，以清环境；平等待人，以安人心；尊重差异，以教多类；保护个性，以求多彩。若有陋习之学生，警而勉之；若有偏科之学生，补而促之；若有安逸之学生，激而策之；若有愚笨之学生，伴而教之；若有性恶之学生，感而化之。班内无三六九等，则心中公平足矣。

良田耕耘可致，良师锻炼可成。现代语文教师皆须树立崇高理想，培养高尚道德，储备渊博知识，形成公平意识，不断自修并养成四项教师核心素养，为我国学生发展语文素养打好自身基础，成为中华民族"梦之队"一名优秀的筑梦人。

（本文发表于《东营教育研究》2017年第2期，有改动）

①陶行知.陶行知教育名篇[M].北京：教育科学出版社，2013.

②管仲.管子[M].上海：上海古籍出版社，2015.

教学型人才亟须制度关怀

2014年12月23日，四川大学教师周鼎发布了一份自白书，表示“一个相信讲好一门课比写好一篇论文更重要的人，今晚死去了”。该文于网络上迅速传播，引发了一场学校教学工作与科研工作间的对抗性思辨。

事件的起因如下：周鼎在四川大学任教，教学工作优秀，学生支持者众，然而因缺少科研成果、论文，一直未能评上副教授职称。是日凌晨周鼎发布自白书，一抒胸臆，表达了对考核制度的不满。事件发生后，多数人对周鼎抱以同情和不平，少数人则抨击周鼎“吃不到葡萄说葡萄酸”，进而引发了关于大学“科研第一”还是“教学第一”的大讨论。

公众对此有三种基本观点。观点一：科学技术是第一生产力，大学是科技的最前沿，因此大学以科研为主。教师考核和职称评定，首先考虑科研成果、论文。观点二：学校的职能是教书育人，为社会输送人才，应以教学工作为本。因此，教学水平、受欢迎程度应在考核中占较大比率，科研成果等硬指标应改为软指标。观点三：像周鼎这样教学工作突出、深受学生欢迎的教师只是少数，不具有代表性，多数教师是平庸的；与之类似，真正搞科研、创造出有价值成果的教师也是少数，多数的科研成果是为了项目经费与考核加分。因此，“自白书事件”是个例，不具有代表性。

笔者认为，周鼎老师的自白书是一篇感性的文章，其中虽表达了他对高校考核制度的不满和郁闷，但更多的还是一种殷切的期盼，一种以退为进的建言，一种以“死”求“变”的姿态。并不像一些网友所指的那般尖锐，周鼎的目的不是强调科研和教学的争锋，而是希冀制度能够兼顾教学型人才和科研型人才的利益，为考核与评定寻找一个恰当的平衡点，使得拥有不同“术业”的教师，在“专攻”过程中获得公平的激励、奖励和待遇，为其本身的兴趣发展、专业成长提供物质的动力、制度的保障、社会的支持。

目前，教育行业的考核制度和职称评审制度非常严格。教师评定中、高级职称时，教龄、成果、论文、奖项、课时数、教学成绩等缺一不可。举个例子：一位一线教师，即使在预备铃响后一分钟到达学校，或缺席一次办公室小型教研会议，都可能在年度考核里被扣掉0.1分，这既体现了制度的数据公平性，又暴露了“不同人群不同对待”管理办法的缺失。从大学到小学，教师并非千人一面。有的教师善于钻研课题、创新实践、总结理论、创造成果；有的教师善于架构知识、营造课堂、夯实基础、提高成绩；有的教师善于道德引领、言行示范、以行促知、知行合一；还有的教师深具人格魅力，能感染学生情绪、激发学生兴趣，使之亦步亦趋、渐行渐深。我们的考核制度可以将教学成绩、科研成果等项目数据化，却很难把教师的课堂氛围、道德引领效果、人格魅力、受欢迎程度等情况一并纳入，因此“埋没”了一些有才情、有贡献的教师。这才是让周鼎这类教师感到“不公平”的根本原因。

周鼎所代表的教师群体，热爱教学且精于教学，不善创造有价值的科研成果又不屑参与低价值的科研活动；对考核和晋级的条件了如指掌，却对走捷径的行为嗤之以鼻；出自兴趣搞教学活动，却也需要制度的认可和关怀。这本质上是文人型教师的操守与坚持，是对现有制度缺陷的不妥协态度，和对制度改进的深切期待。

周鼎说：“一个相信讲好一门课比写好一篇论文更重要的人，今晚死去了。”其实这只是一种愤懑的表达，周鼎的操守和坚持不会死去，其对制度改进的决心和信心也不会死去。他只是在向我们传达一个信号：教学型人才需要得到有关部门的关注，需要得到社会舆论的认可，需要在考核制度上有一定的保护。

（本文发表于求是理论网：http://www.qstheory.cn/wp/2014-12/30/c_1113832837.htm，“新华网发展论坛”等多家媒体转载，有改动）

杰出教师造就杰出学校

教师是学校的心脏，有好教师才有好学校。心脏的搏动与泵血决定着机体的运行和生长，教师的水平与发展决定着学校的现状和未来。英国改革学校评级制度时，有四分之一曾获“杰出”荣誉的学校，因为教师教学水平不足而受到督查。英国标准教育办公室首席督学麦克·威尔肖表示：没有“杰出”教师，就不会有“杰出”学校。①

什么是“杰出”的教师？这主要体现在教师工作的两个方面。学校中的大部分教师，既发挥着一线教学职能，负责一到三科、一到两班的教学工作，又担负着学校行政管理和教学管理的责任，任行政科室主任、学科教研主任、年级组长、学科组长、班主任等职。虽有明确分工，实则两种工作、一套班子。简单来说，大部分教师都是管理者。这就决定了好教师的标准应从两个方面界定：一是作为组织管理者和组织成员的管理与配合，二是作为一线执教者的教学水平和品行德绩。这两个方面共同构成好教师的内涵标准，进而决定一所学校的优秀程度。

一方面，教师管理与配合的职能水平，决定学校的行执力量、教育地位、社会影响。一个组织的强大，很大程度上取决于其组织内成员的能力和水平，学校作为事业型单位尤为突出。一支由品行优、修养好、技能强、行动快的教师组成的高质量团队，是维持学校高速运营的基本保障，是促进学校开拓进取的必需资源。第一，杰出的学校行政管理类教师（校长、德育处主任、教务处主任等）能够有力掌握全局，合理配置资源，明确各项分工，制定发展规划，有效落实政策，提高运行效率，使学校保持“血脉畅通，筋骨强健”，始终向前、向上，并能在“安内”的基础上逐步“攘外”，有计划、有目标地提升学校的业界形象，改善学校的教育地位，提高学校的社会影响力，使其“修于内而彰于外”。第二，杰出的教学业务管理类教师（教研科长、各年级学科组长）能有效发挥带头示范和组织领导作用，敢于任重、精于学科、

①中国教育报.英国拟对教师实行优胜劣汰制[EB/OL].http://www.chinanews.com/edu/2012/04-20/3835611.shtml

勤于研究、善于组织，在小职务上发挥大职能，于细微处成就不寻常。他们是教学一线的中流砥柱，是学校内部承上启下的中坚力量，是教研管理的集中执行者、先进教育理论的践行传播者、年轻教师的灯塔型领路人。第三，杰出的非管理类普通教师（学科教师、后勤人员）是维持学校运转的基本力量，是为教育金字塔奠基的砖石。他们在学校“机器”中虽不担任领导和管理职务，但也发挥着不可或缺的作用，如对制度和政策的有效执行、对行政管理的积极配合和主动分担、对教研工作的积极参与和踏实践行。杰出的非管理类普通教师能够以点促面，发挥出每一颗螺丝钉的建筑作用。

另一方面，教师的教学水平和品行德绩决定学校的教学力量、学生素质和文化底蕴。“山不在高，有仙则名，”杰出教师对学校而言既是核心又是形象，能使学校进步于内而闻名于外。杰出教师组成的教学团队富有强大生命和生机，能够产生巨大的教育和教学力量，进而锻造和促进学生的优良素质，最终形成深厚的学校文化底蕴。第一，杰出的学科教师的教学水平具有探究性、创新性、专业性，其个人教学力量独立而又强大。他们对本学科的知识能够熟练掌握、变通运用、主动钻研、大胆创新，达到专业水准，跟得上学术步伐，经得起质疑问难，富有传道之能，真正能够“授业解惑”，提高学生知识与能力，最终以教促学，以身致校。第二，杰出的学科教师具有高尚的品性和美好的言行，能够整体提高学生素质。教师对学生的品性熏陶和言行示范作用，时刻影响着学生的内心世界。杰出的教师虽也有缺点，却有着正直的言行、闪光的人性，这些表现投入学生正在成长的稚嫩灵魂中，将引起无然不尽的蝴蝶效应，一花一叶造就一园一林，一时一刻奠基一生一世。第三，杰出的学科教师不在能知，乃在能行，他们不断地自我否定，不断地螺旋上升，他们在“知—行—知—行”的反复辩证过程中，不但自身积累学识、丰富底蕴，更增进了学校的学术氛围和文化底蕴。九层之台起于垒土，正是由于每一位杰出教师的自省和耕耘，学校的文化底蕴才得以拓宽和加深。

具有“管理能力强、配合职能优”和“教学水平高、品行德绩佳”两方面的内涵，可以称为“好教师”或者“杰出教师”。杰出教师对学校来说具有生命意义。昔年陶行知为挽留教员杨效春，作《催效春先生回校歌》：“来，来，来，来喂婴儿奶！呱呱日已瘦，奶妈莫徘徊！”[①]由此可见教师与学校的生命纽带关系。哈佛大学校

①陶行知.陶行知教育名篇[M].北京：教育科学出版社，2013.

长詹姆斯·B·柯南特曾深刻指出："学校的荣誉不在于它的校舍和人数，而在于它一代又一代素质优良的教师，一所学校要站得住脚，教师一定要出色。"

教师团队的质量决定学校的行政力量、教学力量、学生素质、文化底蕴、教育地位和社会影响。杰出的教师，必然造就杰出的学校。

（本文发表于2014年9月1日《东营日报》，有改动）

近人情，体物情

——致青年语文教师

“二十文章惊海内”的李叔同大师说过一句话：“不近人情，举足尽是危机；不体物情，一生俱成梦境。”

大意是，性情乖张不通人情世故，则举步维艰；自行其是不顾客观规律，则一事无成。李叔同一生据于儒，依于道，逃于禅，中年出家，号弘一法师。这句话是他终其一生为人处世的总结，十分精到。

从一件事可以看出李叔同的“近人情”“体物情”。1927年北伐成功，政府要毁寺逐僧。当时很多寺庙僧人慌张无措，佛教徒更是忧心忡忡。就在火烧眉毛之际，李叔同动用自己强大的人际关系，写了一封很有分量的信：《致浙江省当局蔡元培先生等》。正因为李叔同平素“近人情”、善交游，才有这样的人脉、交情。

李叔同并未盲目反对毁寺逐僧，而是认真地“体物情”——琢磨政府毁寺逐僧的本因。经过考察，他知道政府此举是为了削弱宗教思想和势力，更新民众意识，以便去除统治阻力。因此，李叔同从这一点出发，指出佛教不会误国反会助国。在信中他提议“对于服务社会之一派，要尽力提倡”，又推荐太虚禅师进行“农禅并重”的佛教改革。果然，政府取消了毁寺逐僧的计划。李叔同始则“近人情”，而后又“体物情”，顺利地挽救了一省的宗教事业。

《红楼梦》中有一副很有名的对联，与本文开头李叔同的话有异曲同工之妙——“世事洞明皆学问，人情练达即文章”。世事洞明便是“体物情”，人情练达便是“近人情”。性格乖僻的贾宝玉终日依红偎翠，不知外出交游人情往来，可谓“不近人情”；深居侯门不问世事只知读死书，可谓“不体物情”。贾宝玉一生步步逢魔，终至落魄出家，果然举足尽是危机，一生俱成梦境。

青年语文教师若对教育有信仰，对教学有热情，对学科有虔心，对学生有爱心，对家长有诚意，对社会有责任感，积极投身小学语文教学的事业，关怀和帮助小学语文同人，实事求是，踏踏实实，言行一致，知行合一，这就做到了“近人情，体物情”。谨作此文，愿与诸君共勉。

（本文发表于2013年12月6日《人民日报》，选入本书时有改动）

参考文献

[1]中华人民共和国教育部.义务教育语文课程标准（2011年版）[S].北京：北京师范大学出版社，2012.

[2]中华人民共和国教育部.普通高中语文课程标准（2017年版）[S].北京：人民教育出版社，2017.

[3]汪潮.不同文体教学[M].上海：上海交通大学出版社，2017.

[4]王荣生.语文课程与教学内容[M].北京：教育科学出版社，2015.

[5]张美芳.功能加忠诚——介评克里丝汀·诺德的功能翻译理论[J].外国语，2005（1）.

[6]苏霍姆林斯基.苏霍姆林斯基选集（五卷本）[M].北京：教育科学出版社，2001.

[7]谢枋得.文章轨范[M].武汉：崇文书局，2016.

[8]滕尼斯.共同体与社会[M].林荣远，译.北京：商务印书馆，1999.

[9]叶圣陶.叶圣陶教育文集[M].郑州：河南教育出版社，1989.

[10]尼采.查拉图斯特拉如是说[M].钱春绮，译.北京：生活·读书·新知三联书店，2014.

[11]朱永新.朱永新教育作品[M].北京：中国人民大学出版社，2012.

[12]松居直.我的图画书论[M].郭雯霞等，译.乌鲁木齐：新疆青少年出版社，2017.

[13]玛丽·克莱.萌发的阅读行为[D].奥克兰：奥克兰大学，1966.

[14]法式善.梧门诗话合校[M].南京：凤凰出版社，2005.

[15]章学诚.文史通义[M].上海：上海古籍出版社，2015.

[16]赫尔巴特.普通教育学[M].李其龙，译.北京：人民教育出版社，2015.

[17]赫胥黎.天演论[M].严复，译.北京：朝华出版社，2017.

[18]王富伟等.小学教师典型一天的制度分析[J].全球教育展望，2018（9）.

[19]陶行知.陶行知教育名篇[M].北京：教育科学出版社，2013.

[20]朱熹.四书集注[M].南京：凤凰出版社，2016.

后　记

弹指之间，我已经在语文的讲台上走过十年。没有“十年磨一剑，霜刃未曾试”的咄咄锐气，也少有“十年隐迹无人问，一片秋山映读书”的从容淡泊，更多的是“初入涪溪已十年，苍松翠柏隔遥天”的慨叹，“面壁十年图破壁，难酬蹈海亦英雄”的求索，“桃李春风一杯酒，江湖夜雨十年灯”的回望。凭着对儿童、语文和教育事业的真挚情感，在这十年里我充满激情、乐趣与不可虚度光阴的自警。正是这种热爱，让我十年如一日地醉心教育，并从中获得质朴与深刻，避免倦怠和烦琐，蔑视压力或烦恼。

我想，如果只是追求一种娴熟的教学技能或者高深的理论水平，恐怕无法触及教育的真谛。在十年教学生涯中，米斯特拉尔曾与我的心灵共鸣：像母亲一般爱护那些不是我亲生的小孩；克拉顿·布拉克时刻在耳边提醒我：教育应当使我们懂得如何充满爱心和对什么充满爱心；蒙台梭利反复告诫我：人类的高贵来自于你就是你，你不是别人的复制品；陶行知对我敞开心扉，大声呼喊：千教万教，教人求真，千学万学，学做真人。我所追求的语文课堂充满爱与善，孕育真与美，我的所有思考与实践都是为了这些。我认为，在这样的小学语文课堂里才能寻到教育的大道。

基于这一信念，我写下不少教学札记。2020年，我从中挑选了一些勉强得到同行认可的课堂教学案例、综合活动案例，语文课程、教材、教法以及语文教师专业发展方面的文章，经过笨拙的梳理，形成了这本书，力求以课堂的精彩成就著作的精彩，以著作的实用助力课堂的成功，让语文课堂更真、更美、更有情，洋溢更浓的语文味。这本“怀胎”十年即将“分娩”的书稿，有些地方自己还不够满意。不过老子说：“持而盈之，不如其已”“不欲琭琭如玉，珞珞如石”。现在我把它交出去，接受读者的审阅。不敢奢望雕琢美玉，但愿奉上一些通往语文教学之路的小石子，期盼能起到些弥缝之效。即便不能，供给大家批判也是好的。

朱绍禹先生曾经说过：“（写书）不要写成学院派的东西。”在本书的修订过程中，我力求减少浮泛的议论，多些实用的内容，不敢空谈理念，保证植根于实践。为了体现系统性和阅读的方便性，本书分成了教材解读、阅读教学、习作教学、综合学习、专业发展五个板块，从第一辑到第五辑的标题中都有一个“生”字——生善、生命、生活、生态和生长。在语文教学中，真善得以生发，生命得以关注，生活得以改善，生态得以形成，学生得以生长——这是本书的旨要，也正是我久久实践并不懈追求的语文课堂。当然，这只是我的一己之见。对此，以及对本书的观点、材料、结构、行文，我都期望听到读者朋友的批评意见。

在多年的教学实践和本书的选题、写作及出版过程中，我得到了很多同志的指导和帮助。孙传文老师递薪传火、谆谆教诲，使我启蒙发聩；郭永福、吴立岗、张在军、李怀源、徐俊等专家无私关怀、引领提携，使我如沐春风；宋国香、刘知晓、赵慧、季俊昌、周学松、张翠枝、李翠芝等导师不辞辛劳、倾力扶持，使我受益匪浅；垦利区教育系统谢红秀、高兴华、孙宝华、崔燕、闫文亮、董向华、苟新文等领导慷慨包容、着意栽培，使我备受鼓舞；语文学术期刊郭艳红、师国俊、聂闻、肖尧等编辑认真指导，使我如鱼得水；语文出版社王翠叶总编青眼有加，使本书脱颖而出，顺利付梓；责任编辑过超老师牺牲宝贵假期审阅书稿，多次与我讨论、打磨书稿，使本书“脱胎换骨”，更胜从前。在本书成书过程中，各位前辈、领导、同事和朋友提出了宝贵的撰写建议、中肯的修改意见、实在的阅读感受和详细的讨论内容，谨此向各位奉上崇高的敬意和诚挚的谢意！

十年寒暑，多少节假，“挪用”了无数本应陪伴家人、访亲敬长的时日，却从没有受到亲人的责怪。在本书即将问世之际，我向亲爱的父母长辈、妻儿侄甥，表达由衷的歉意，并道一声：“谢谢你们！”

纪海龙

2020年2月于山东东营